MANDALA
COLORING BOOK

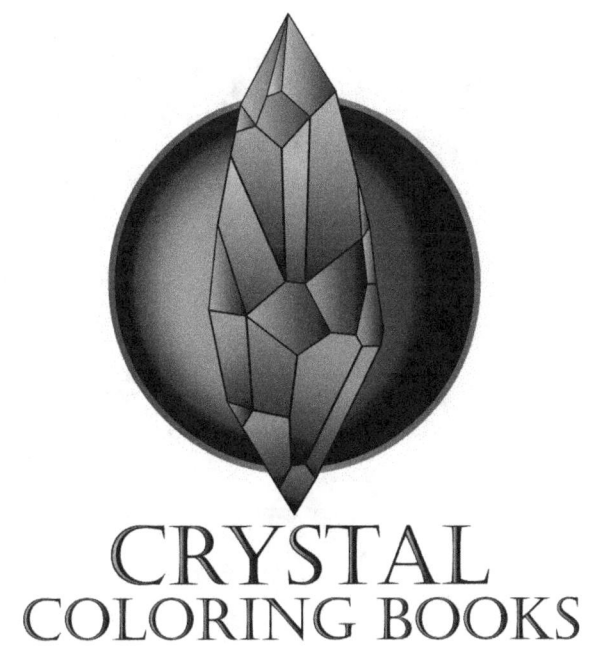

CRYSTAL
COLORING BOOKS

ISBN-13: 978-1983971020
ISBN-10: 1983971022

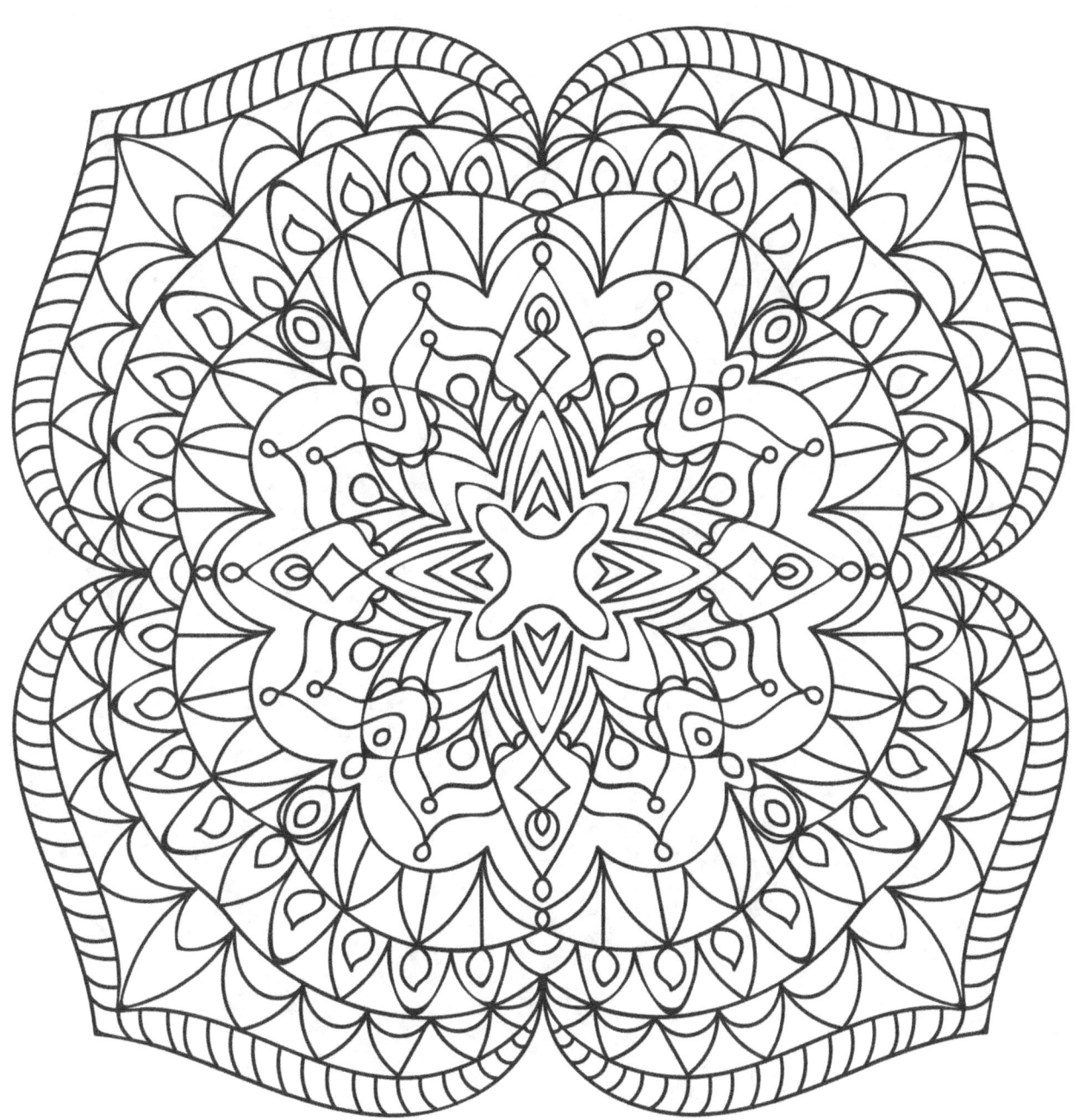

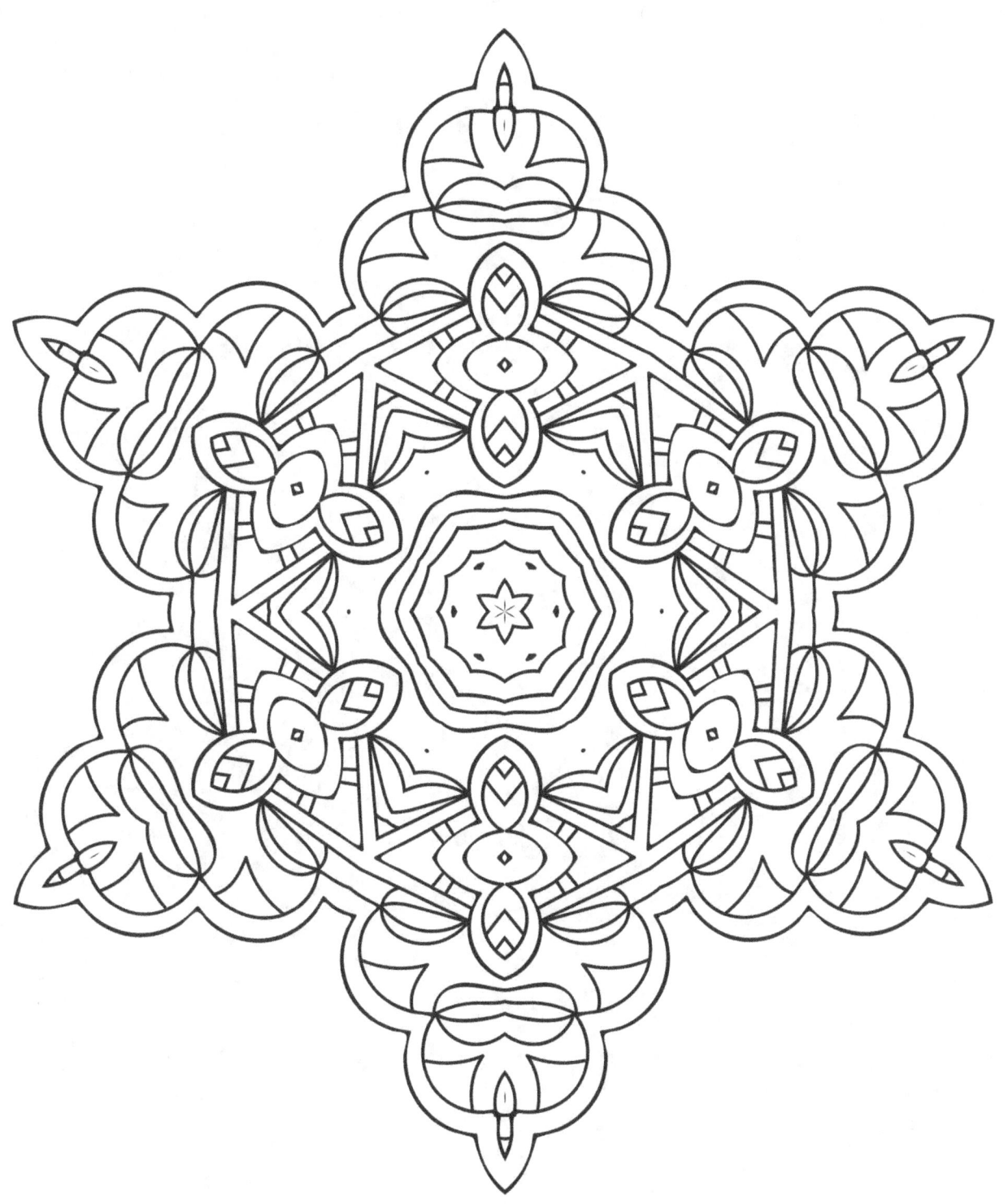

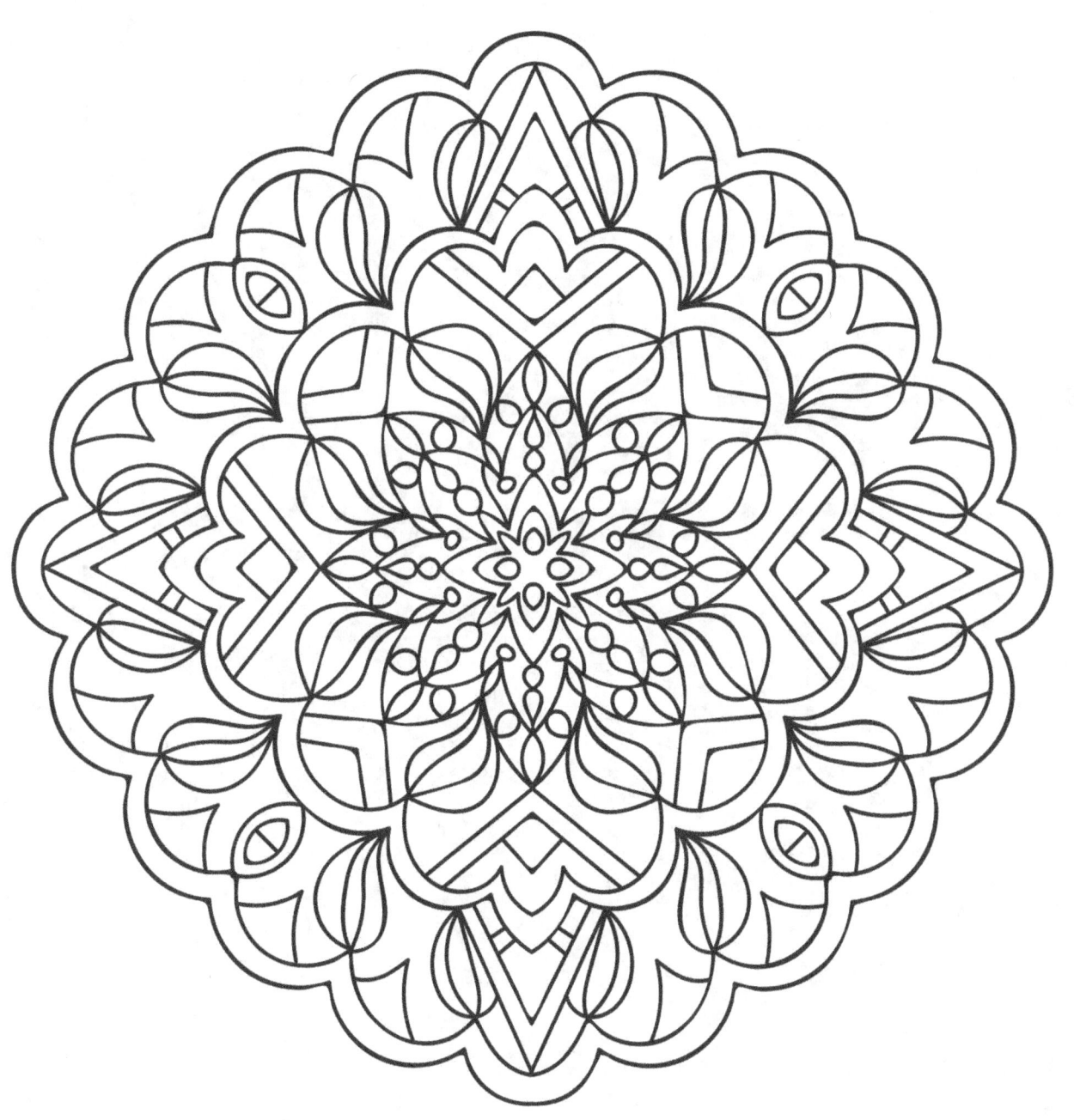

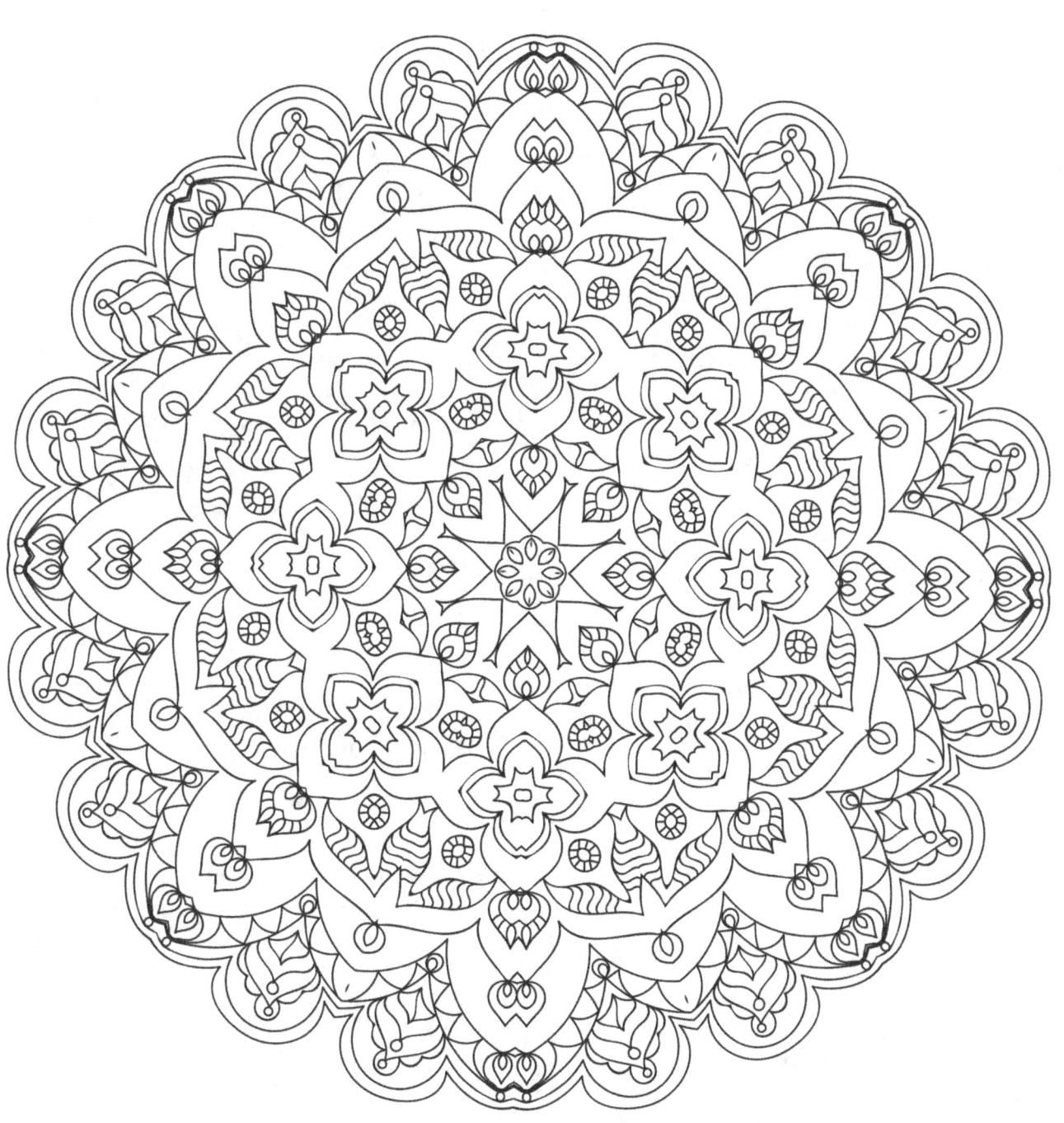

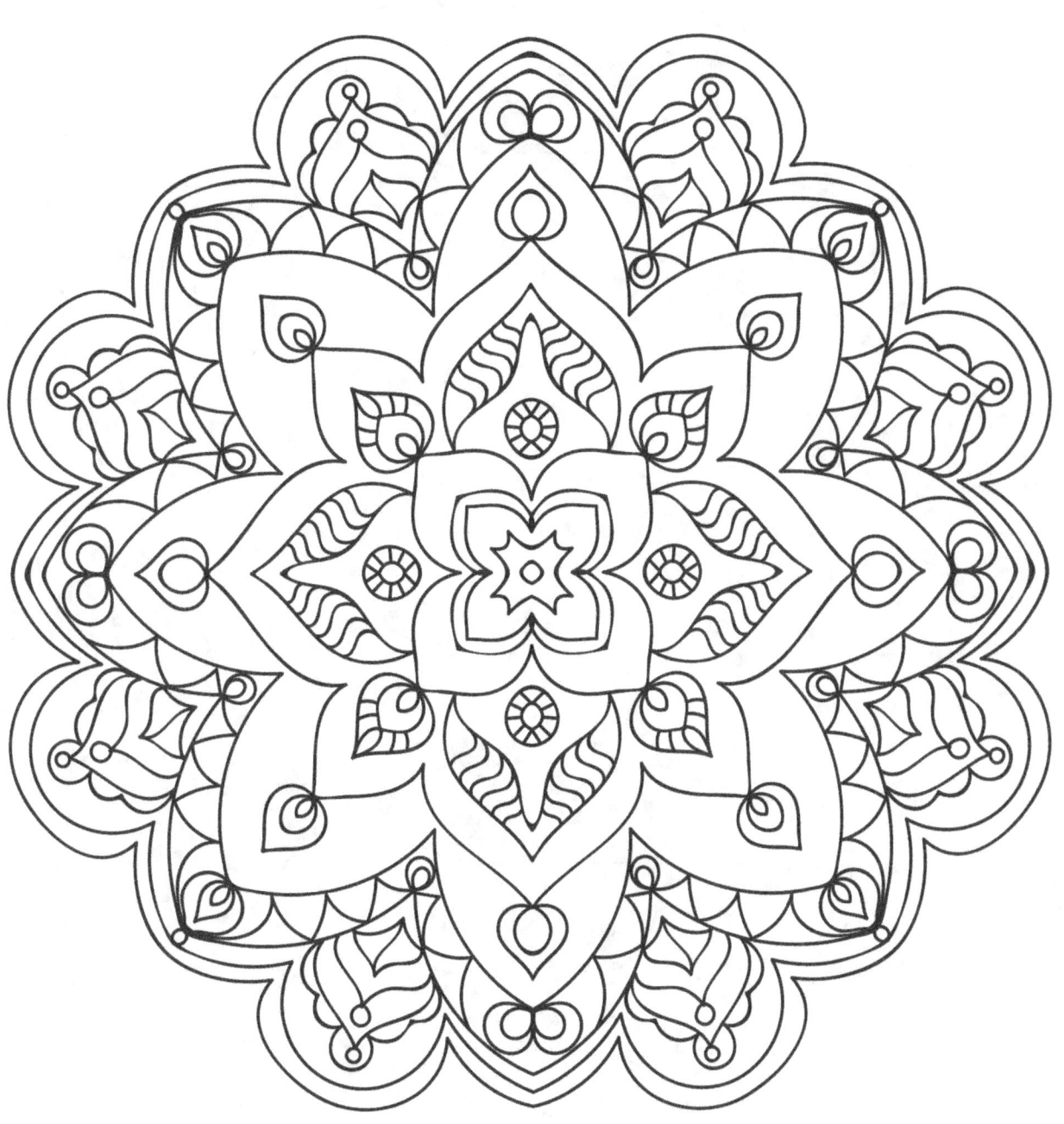

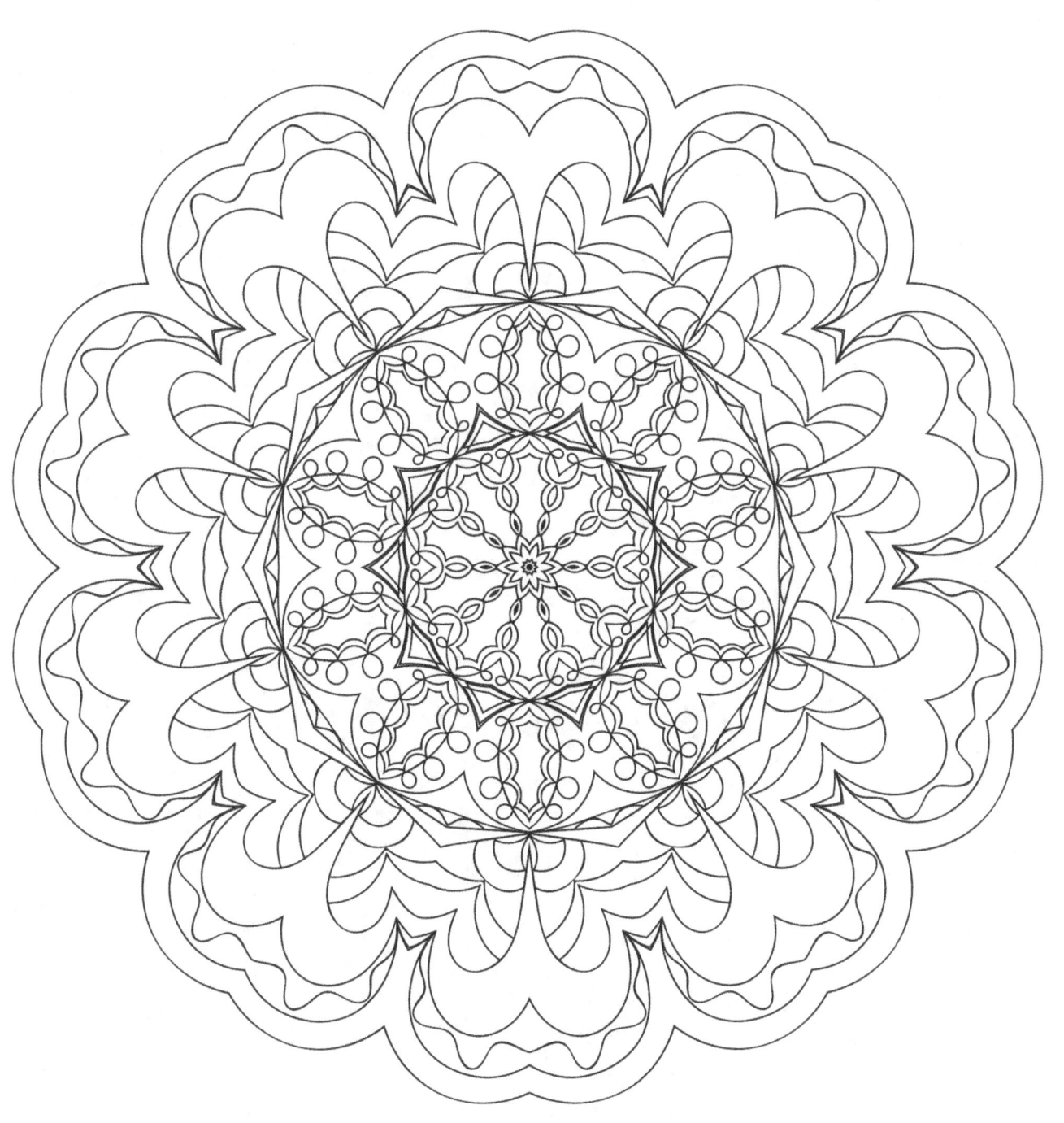

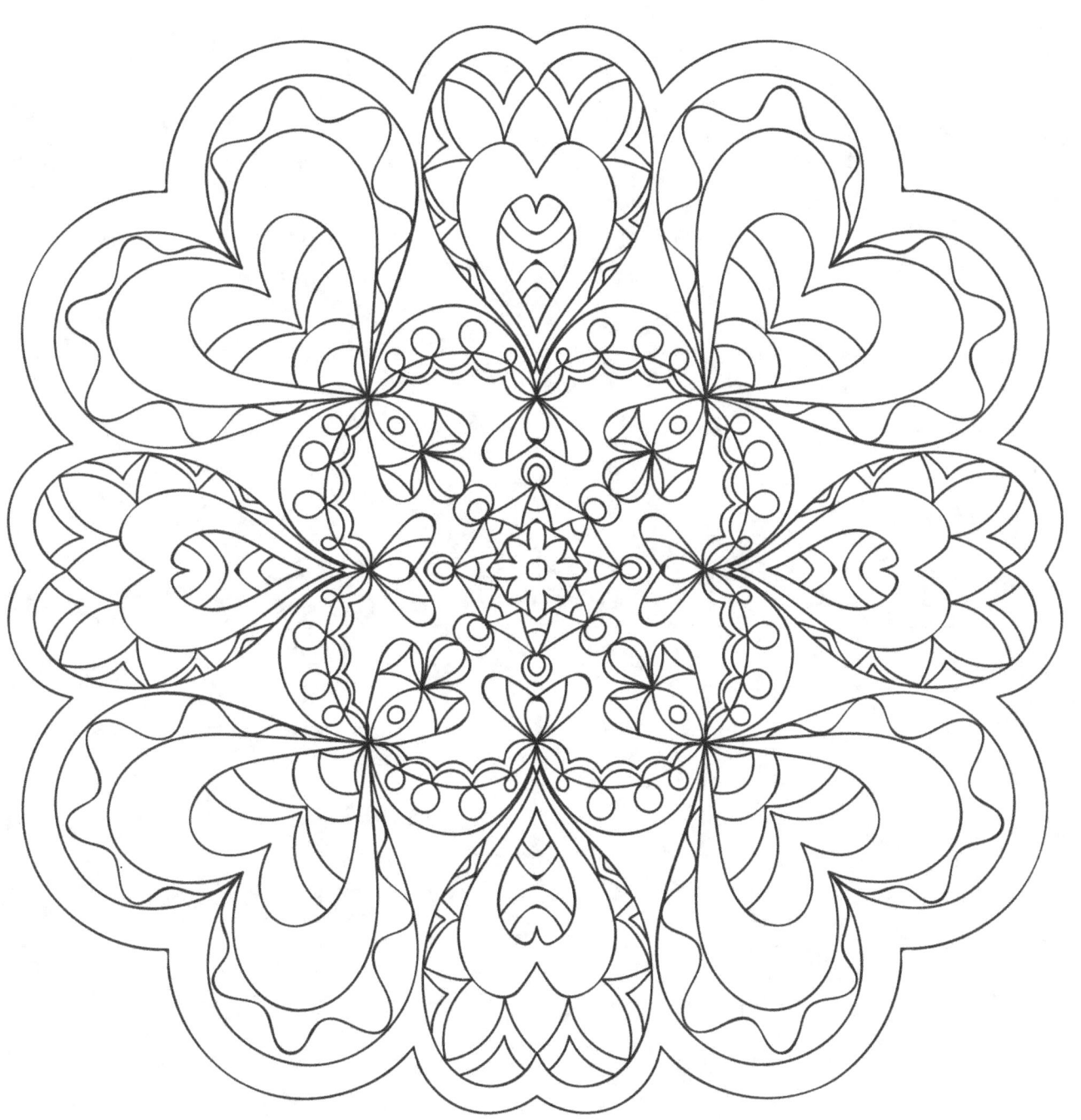

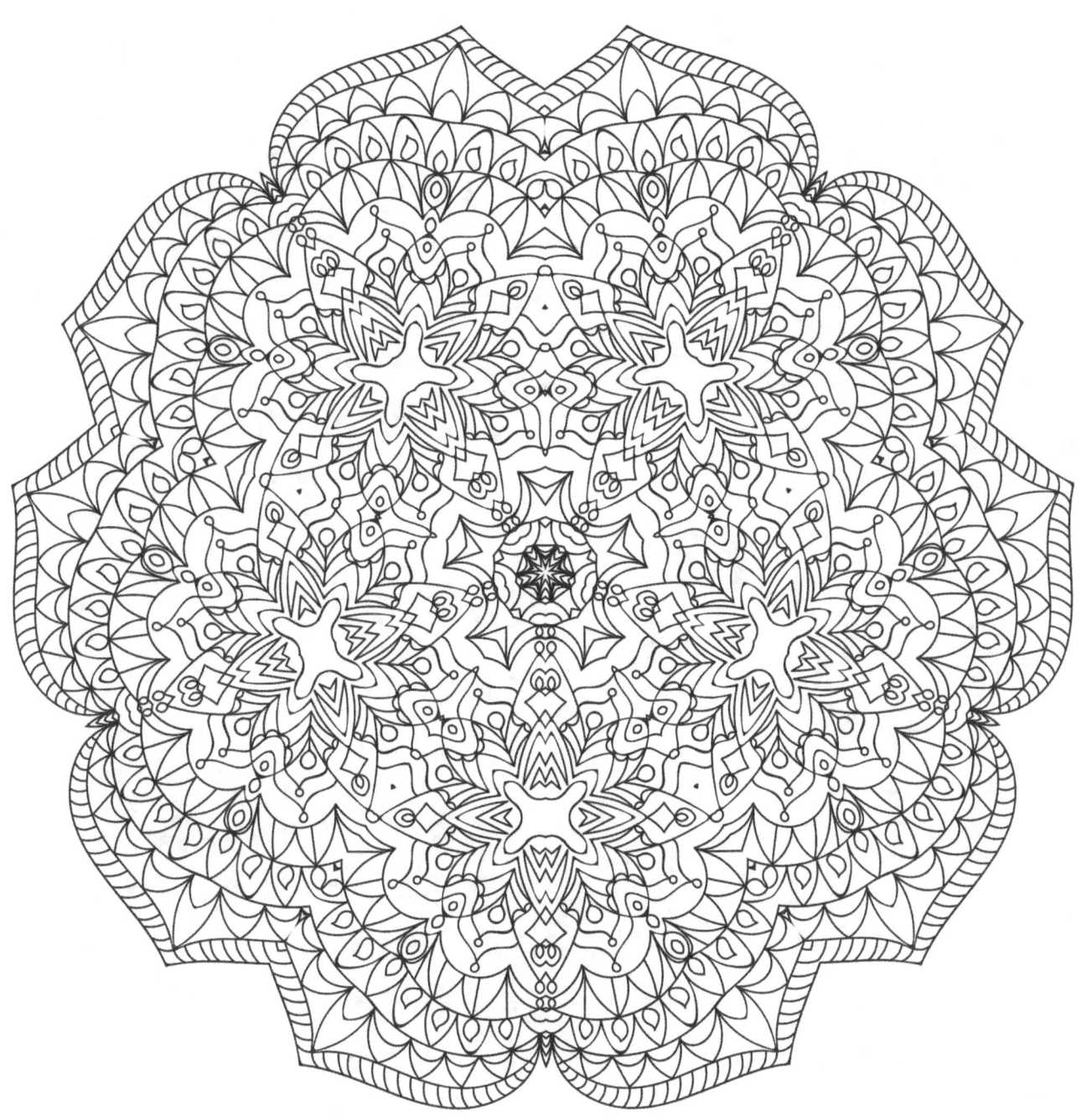

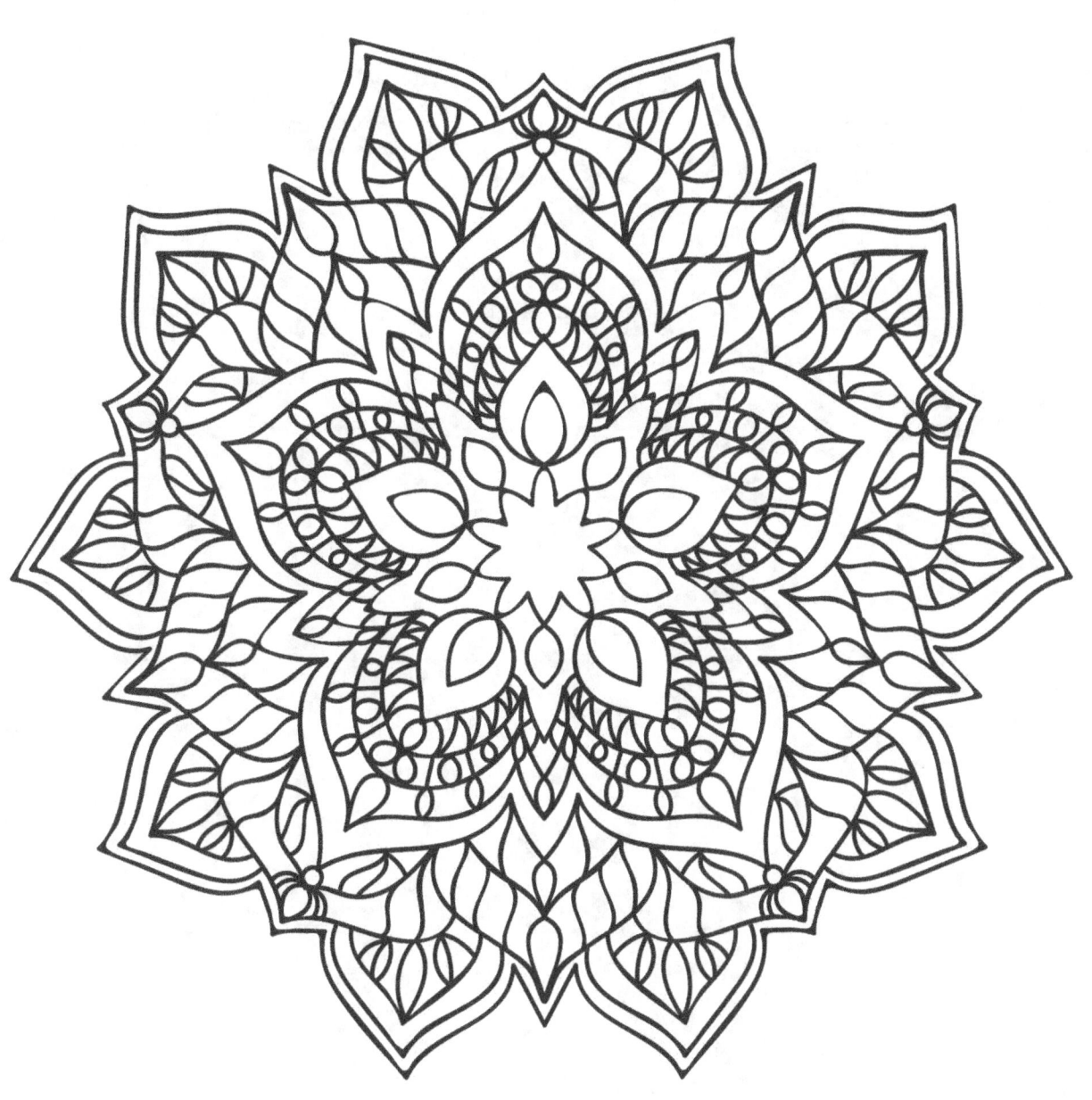

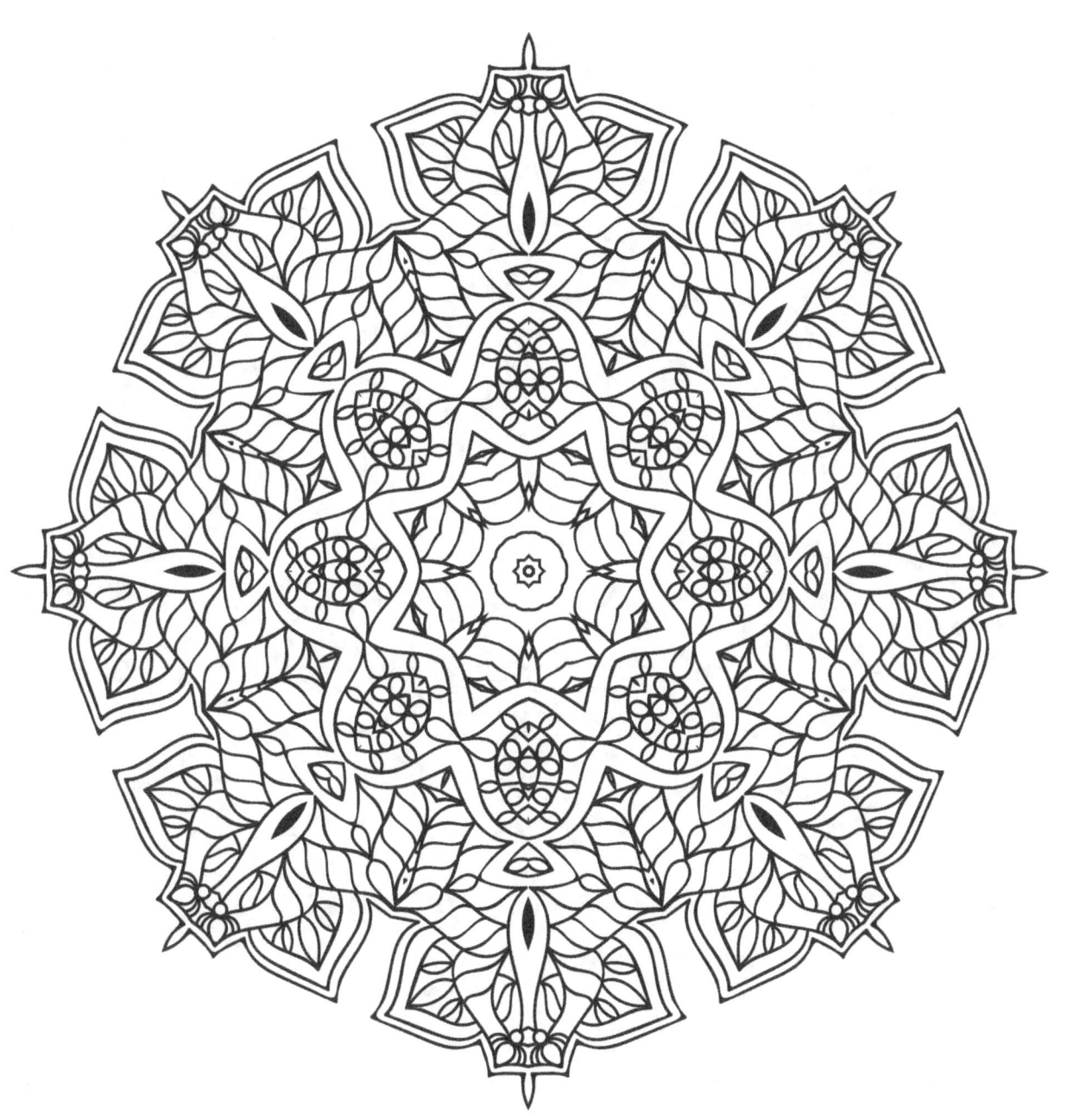

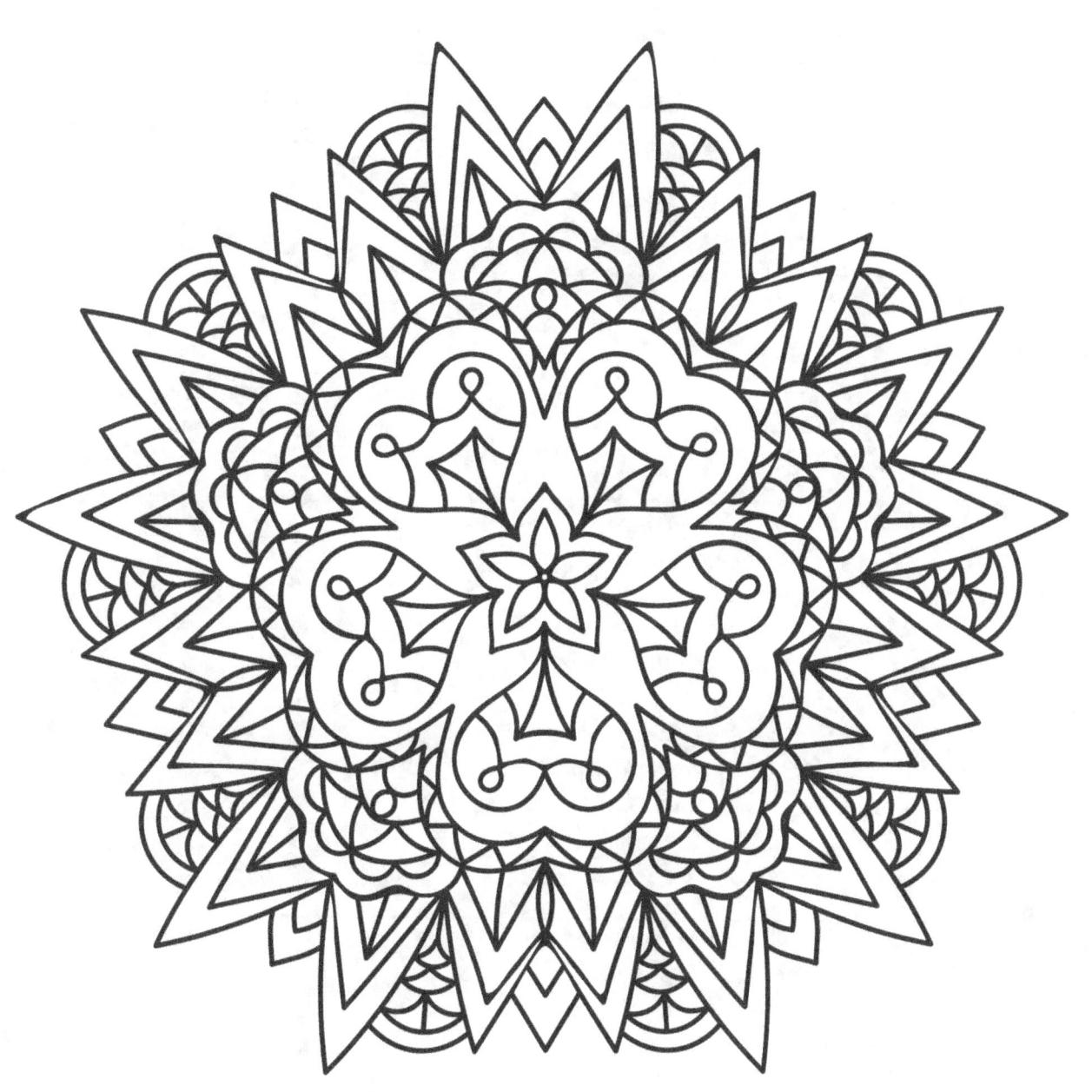

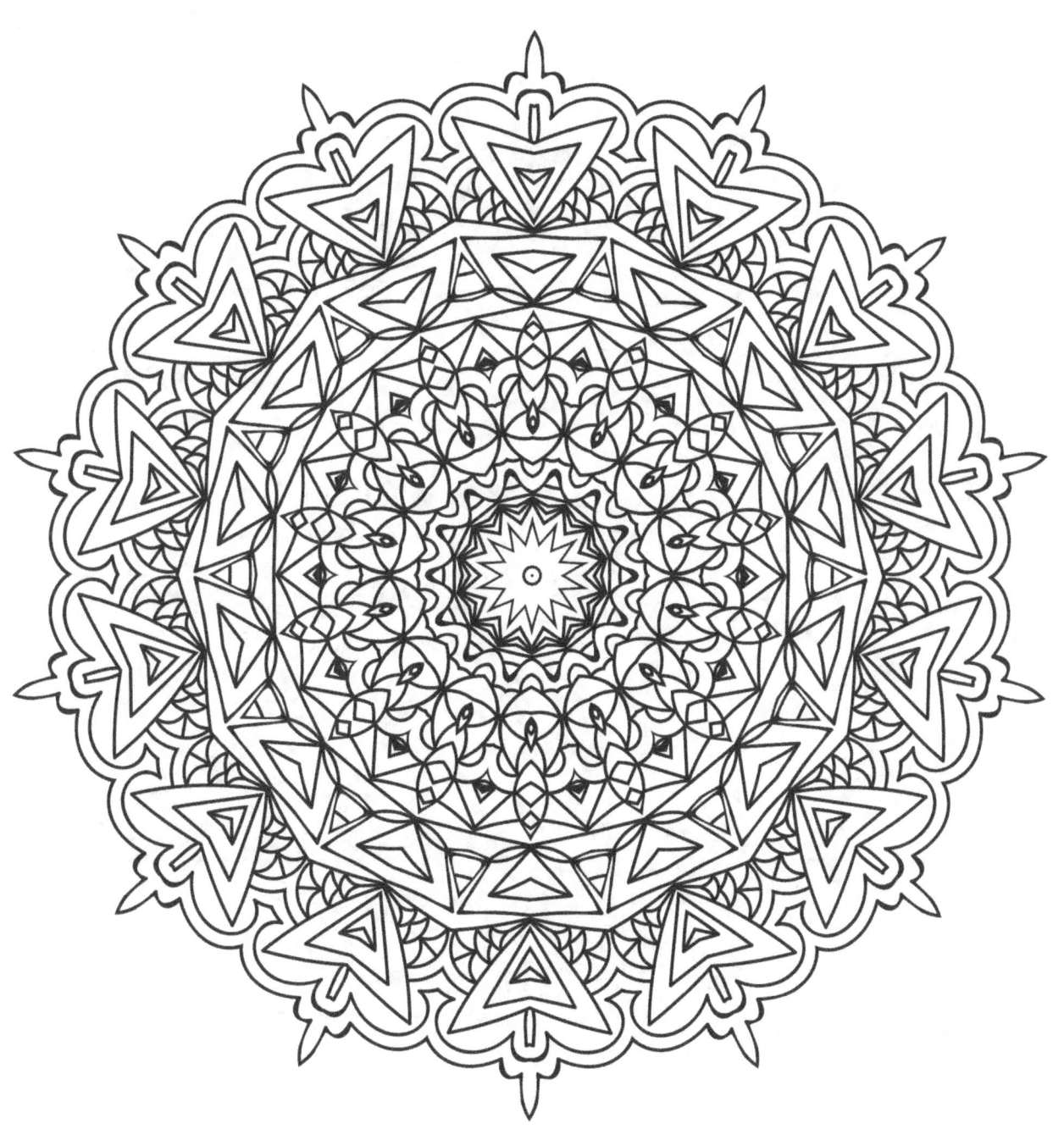

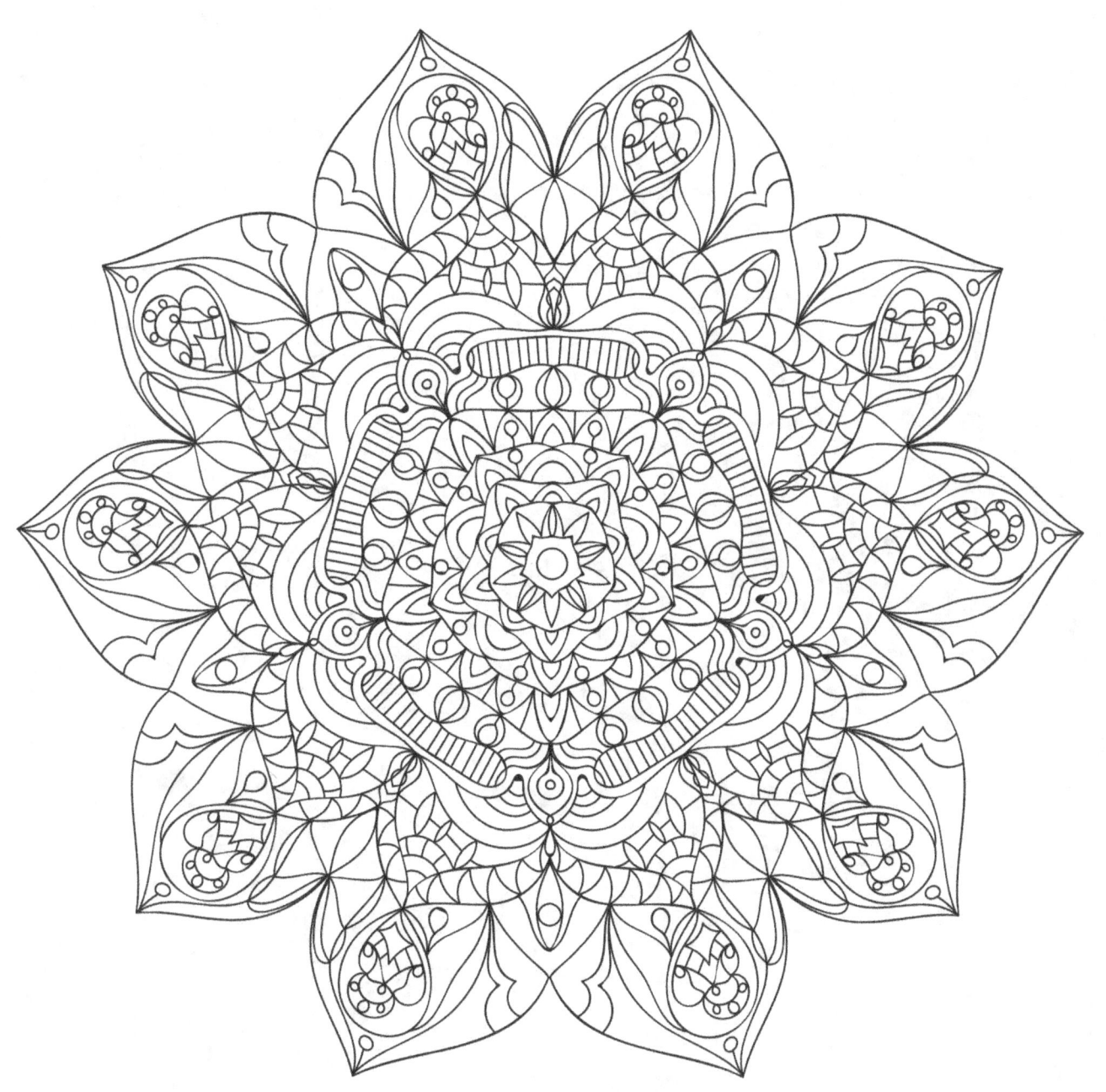

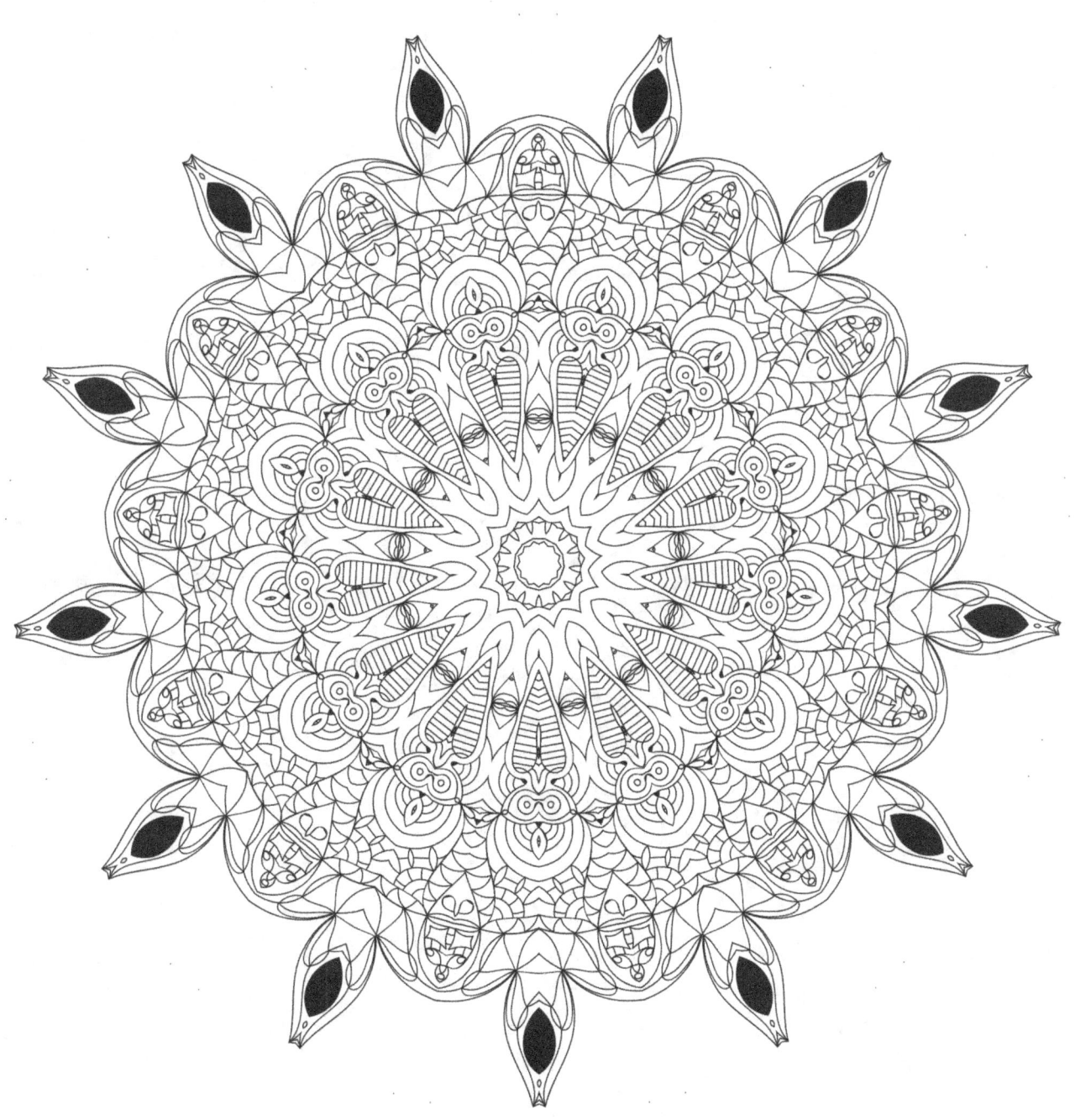

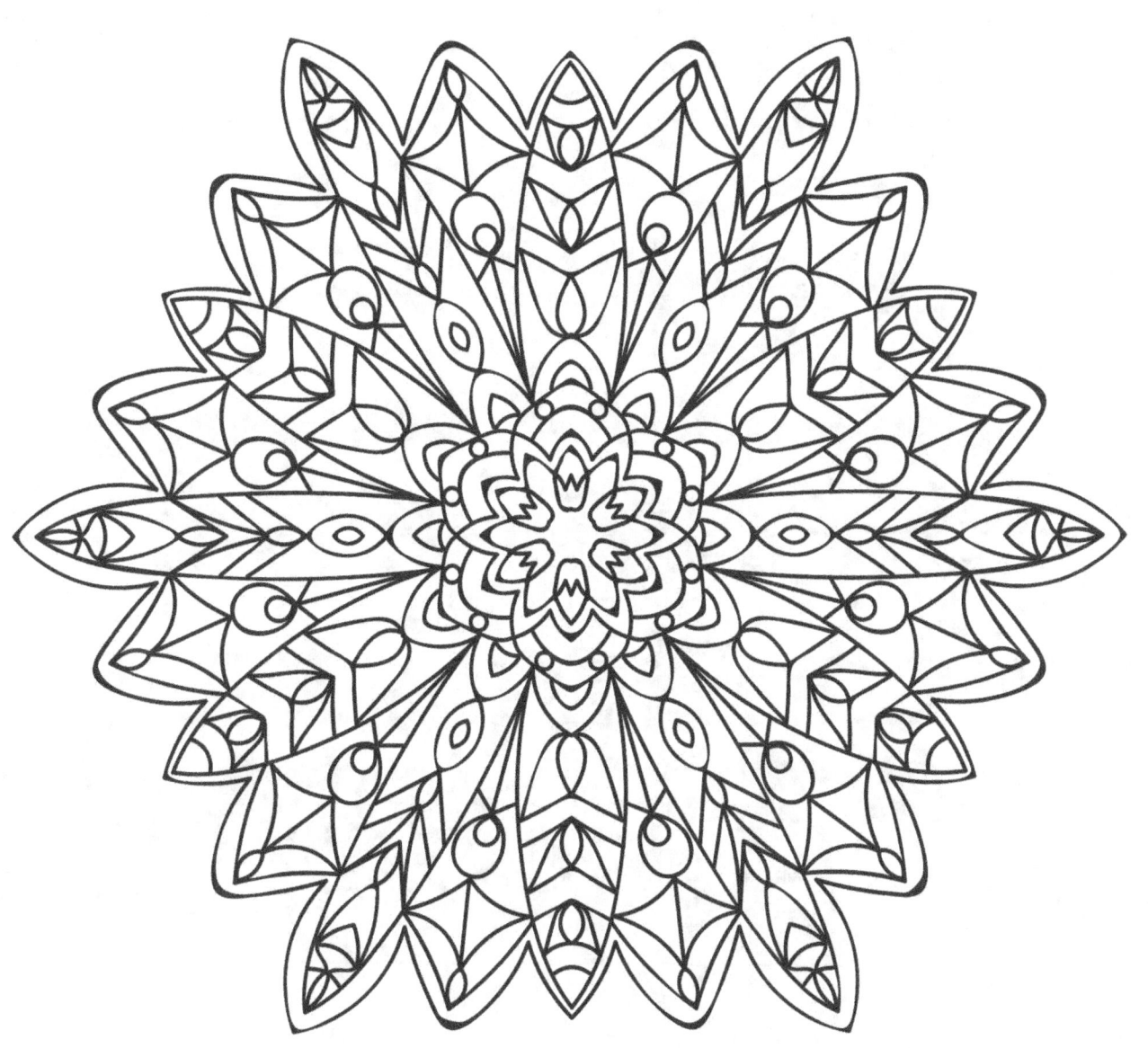

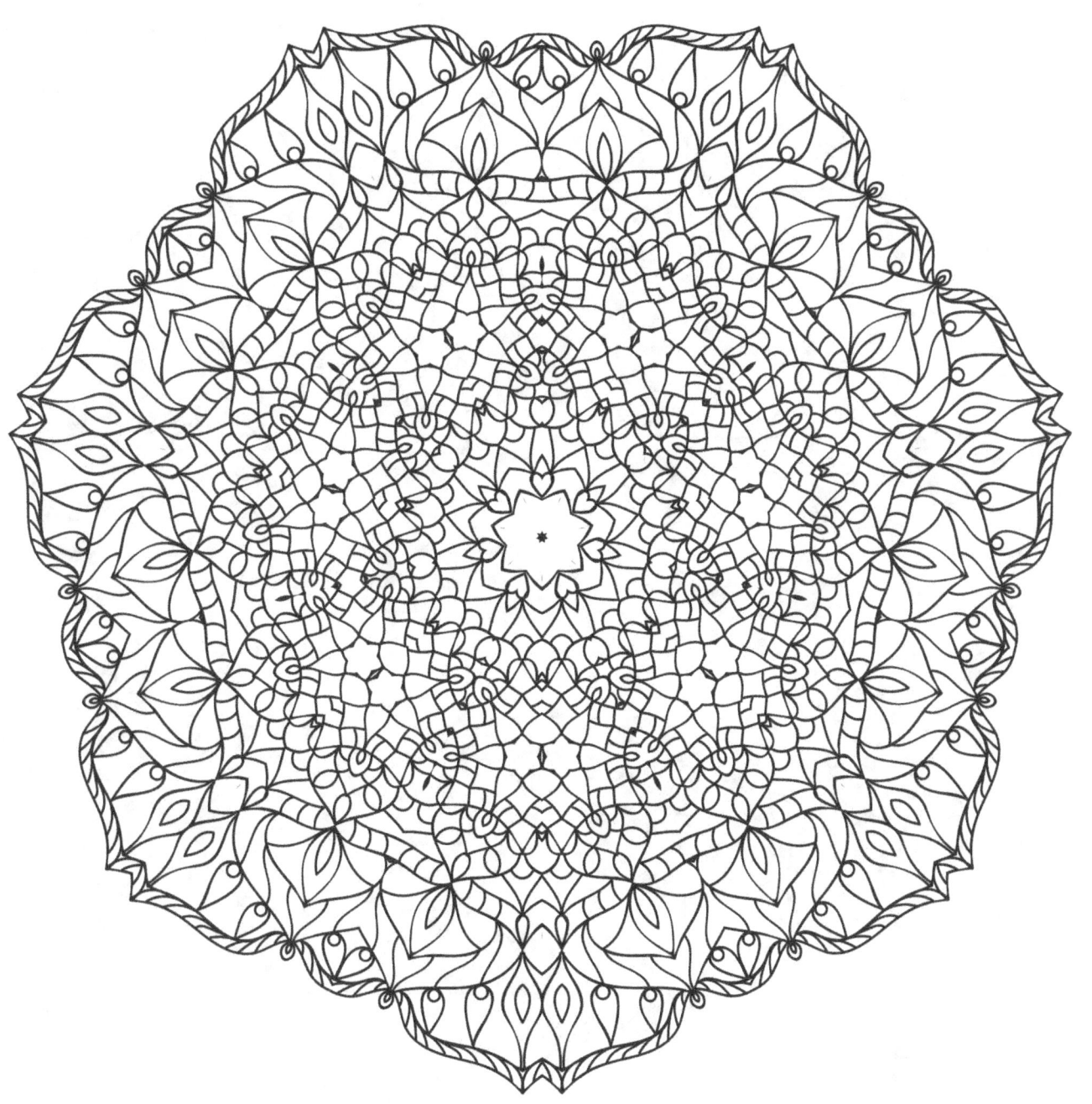

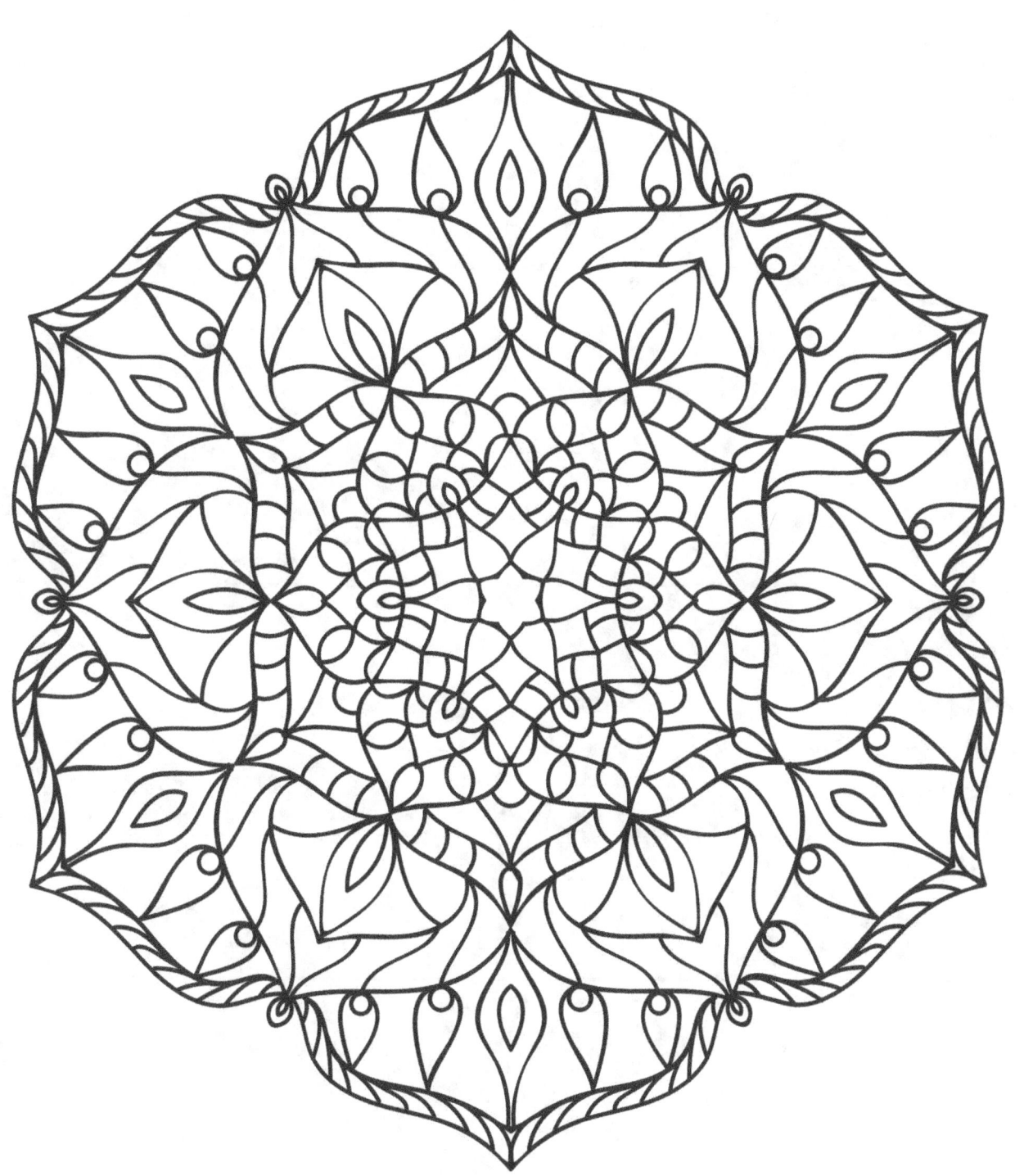

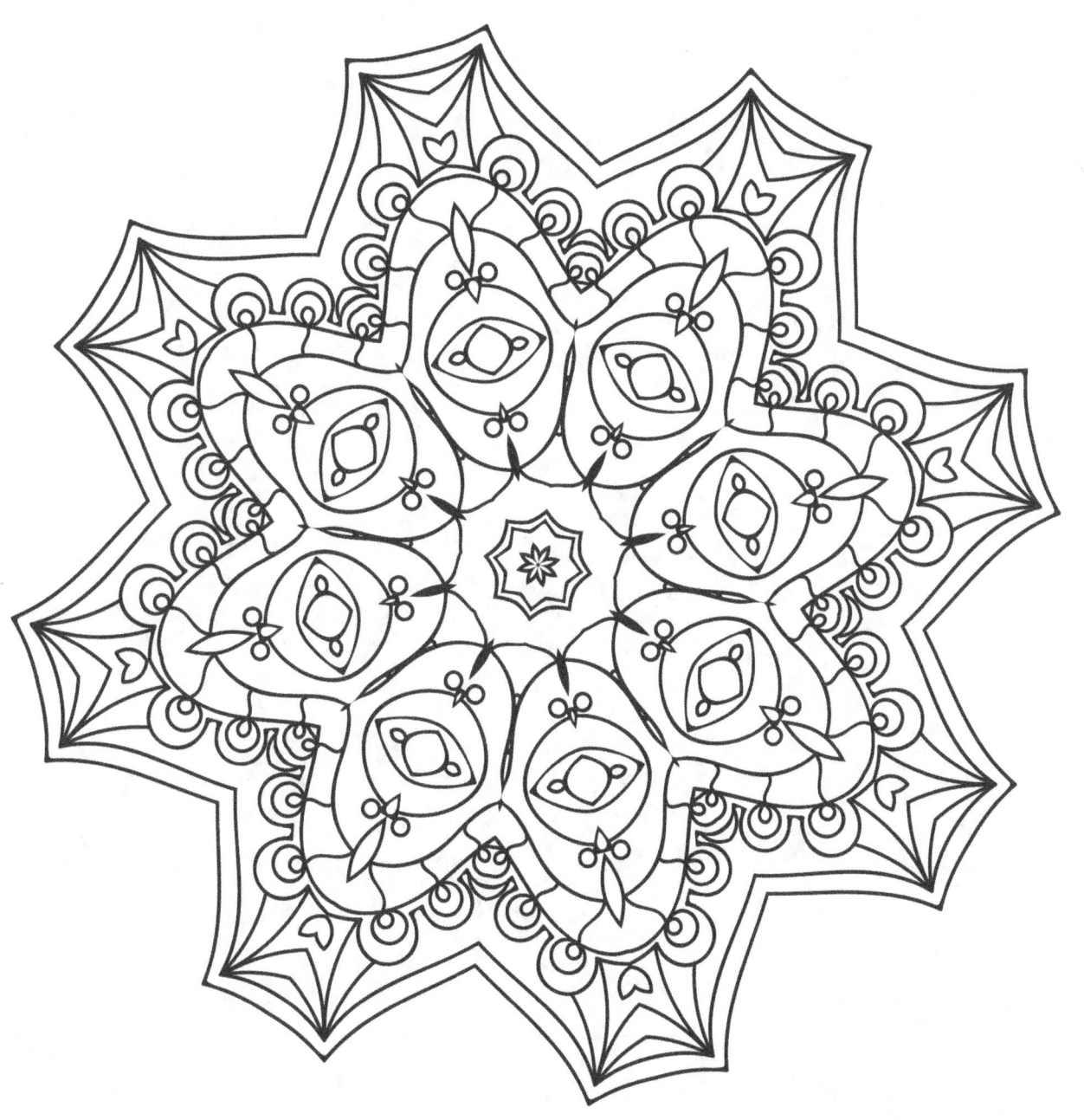

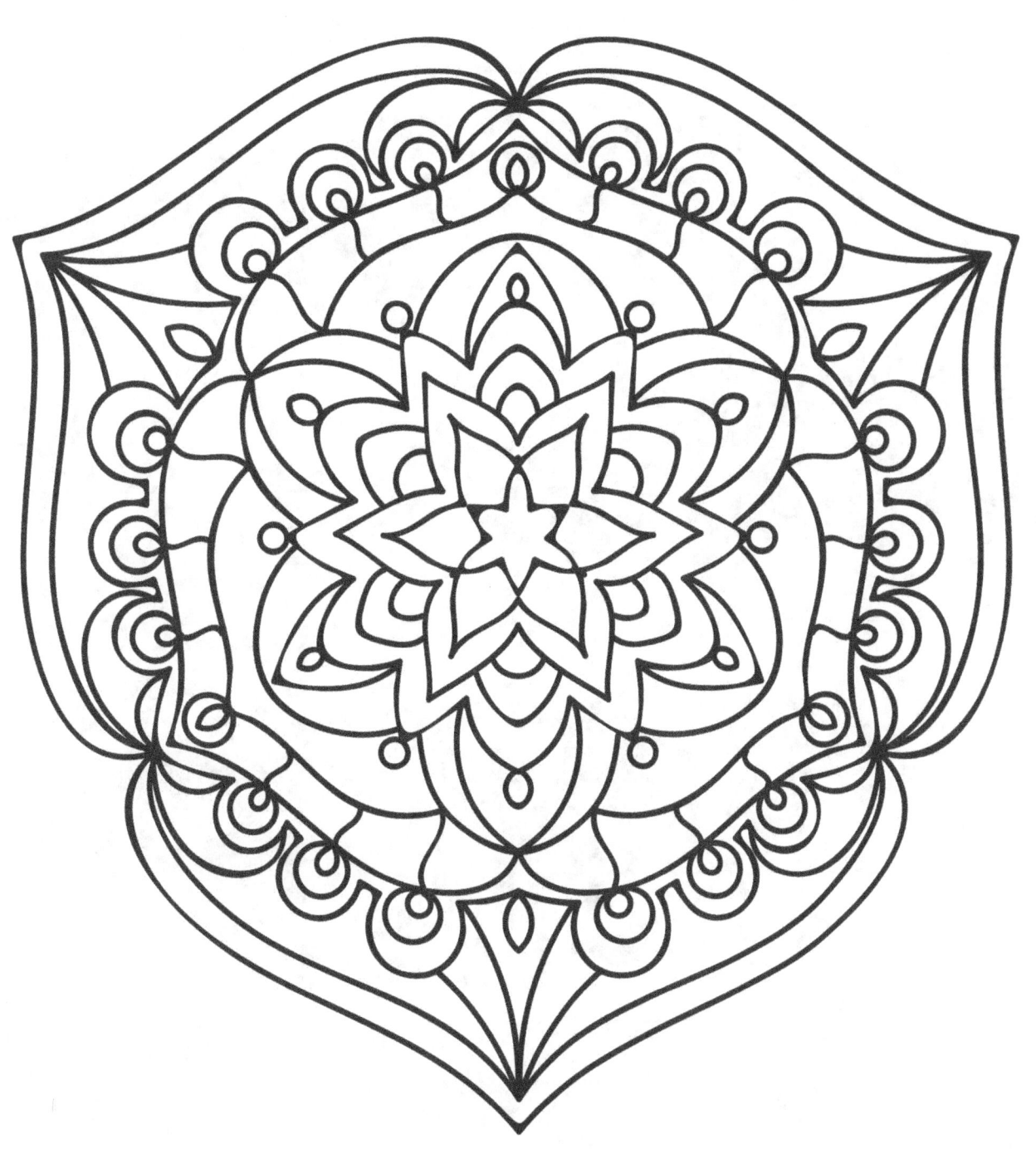

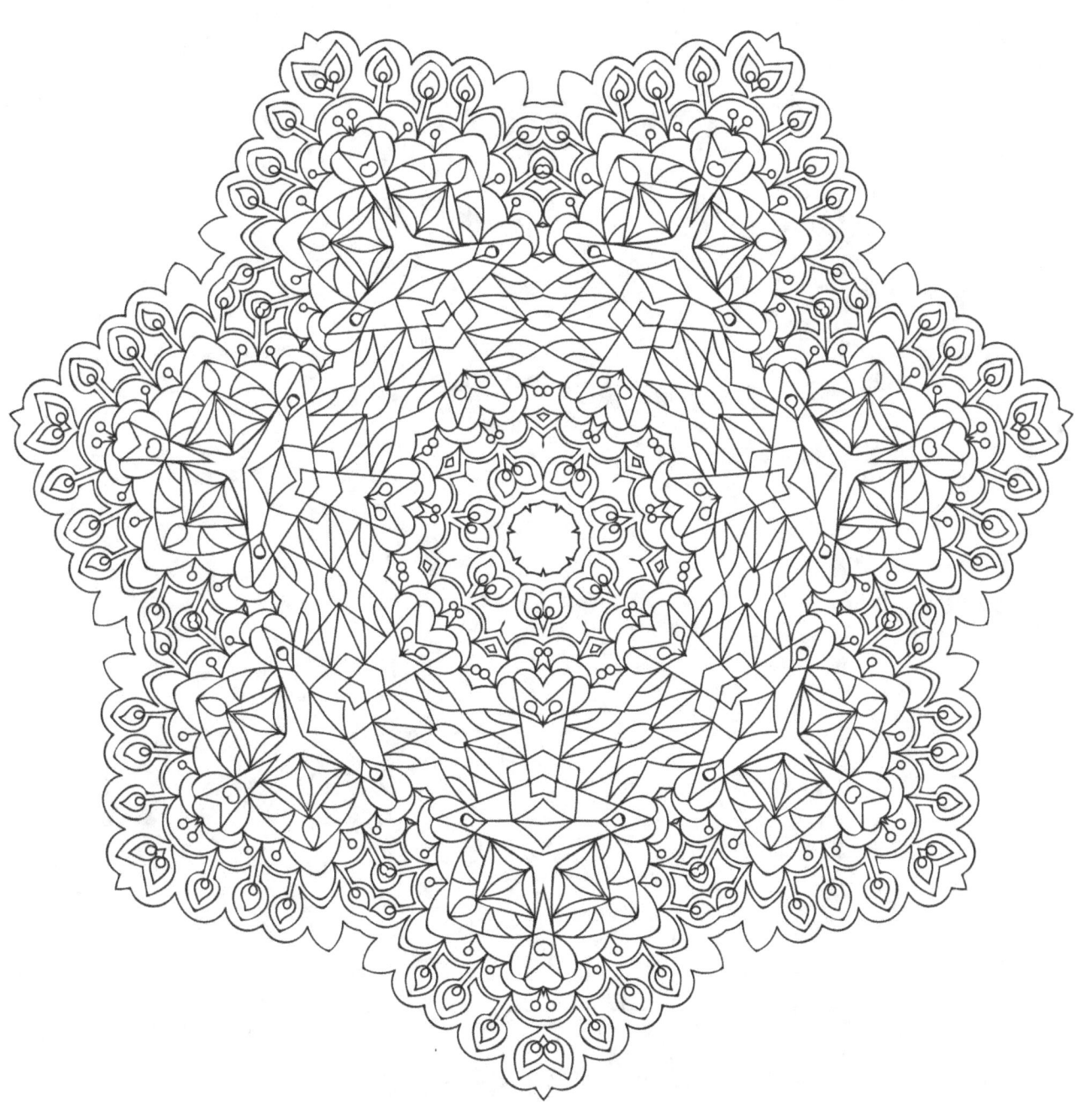

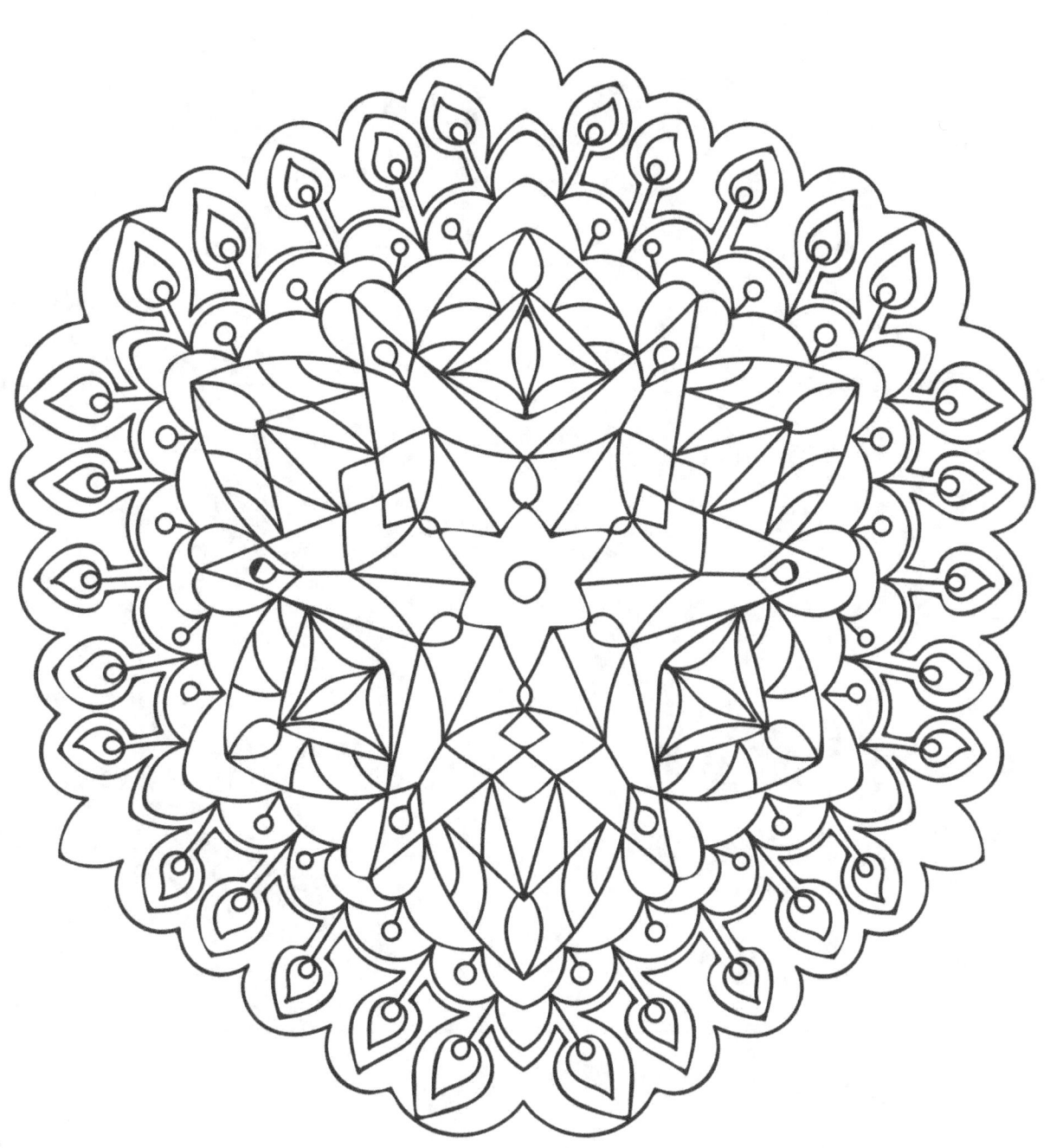

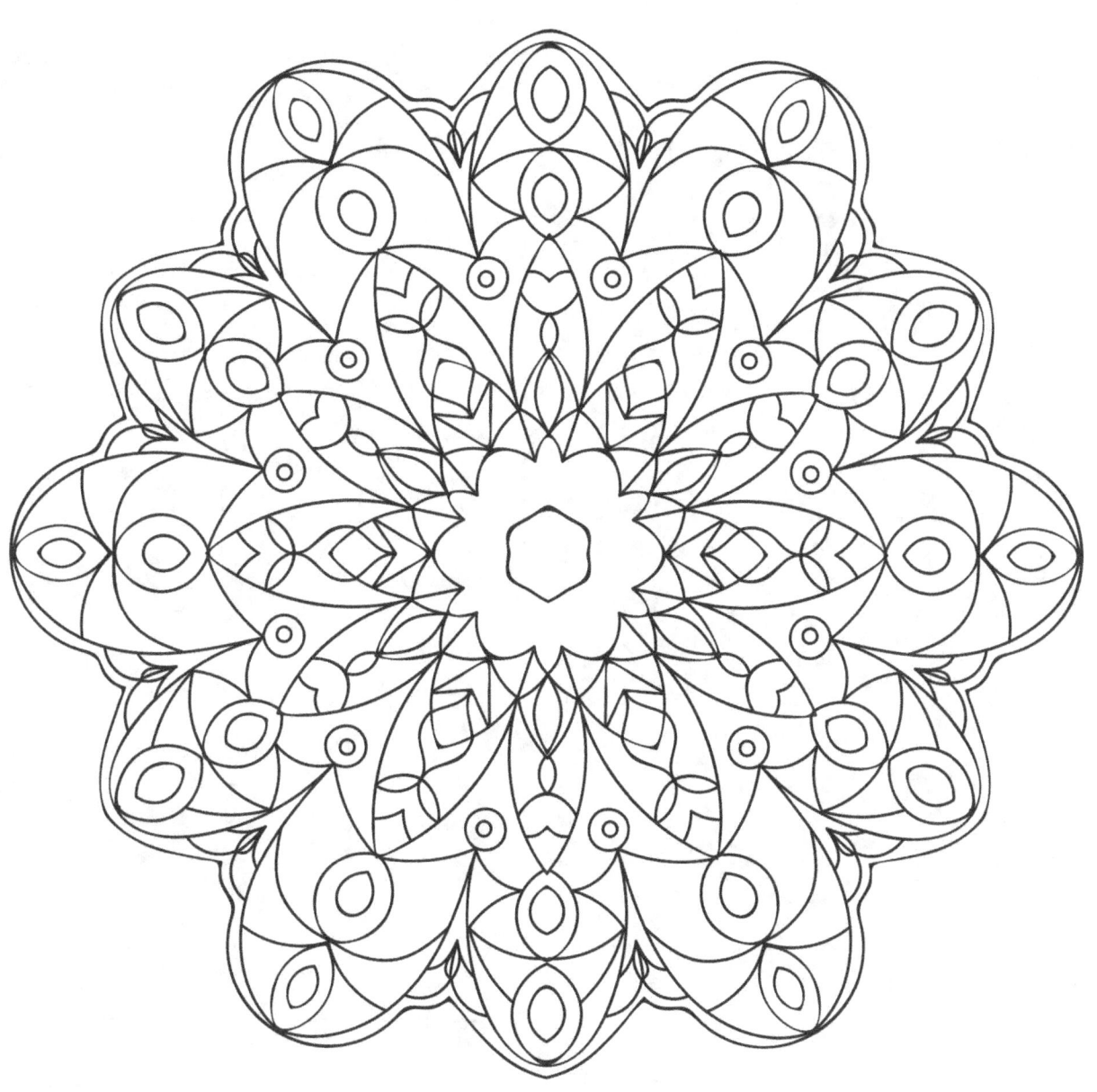

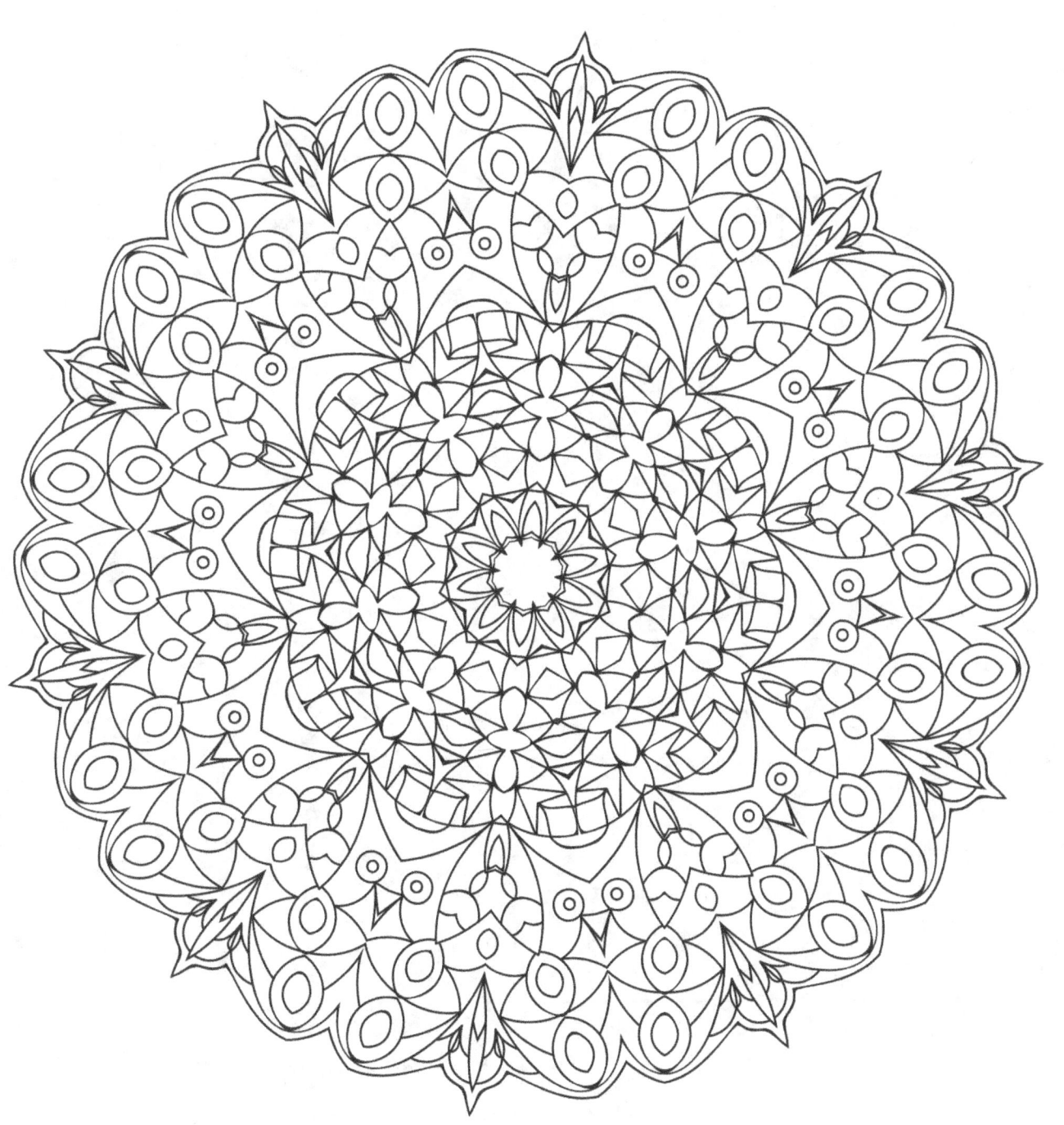

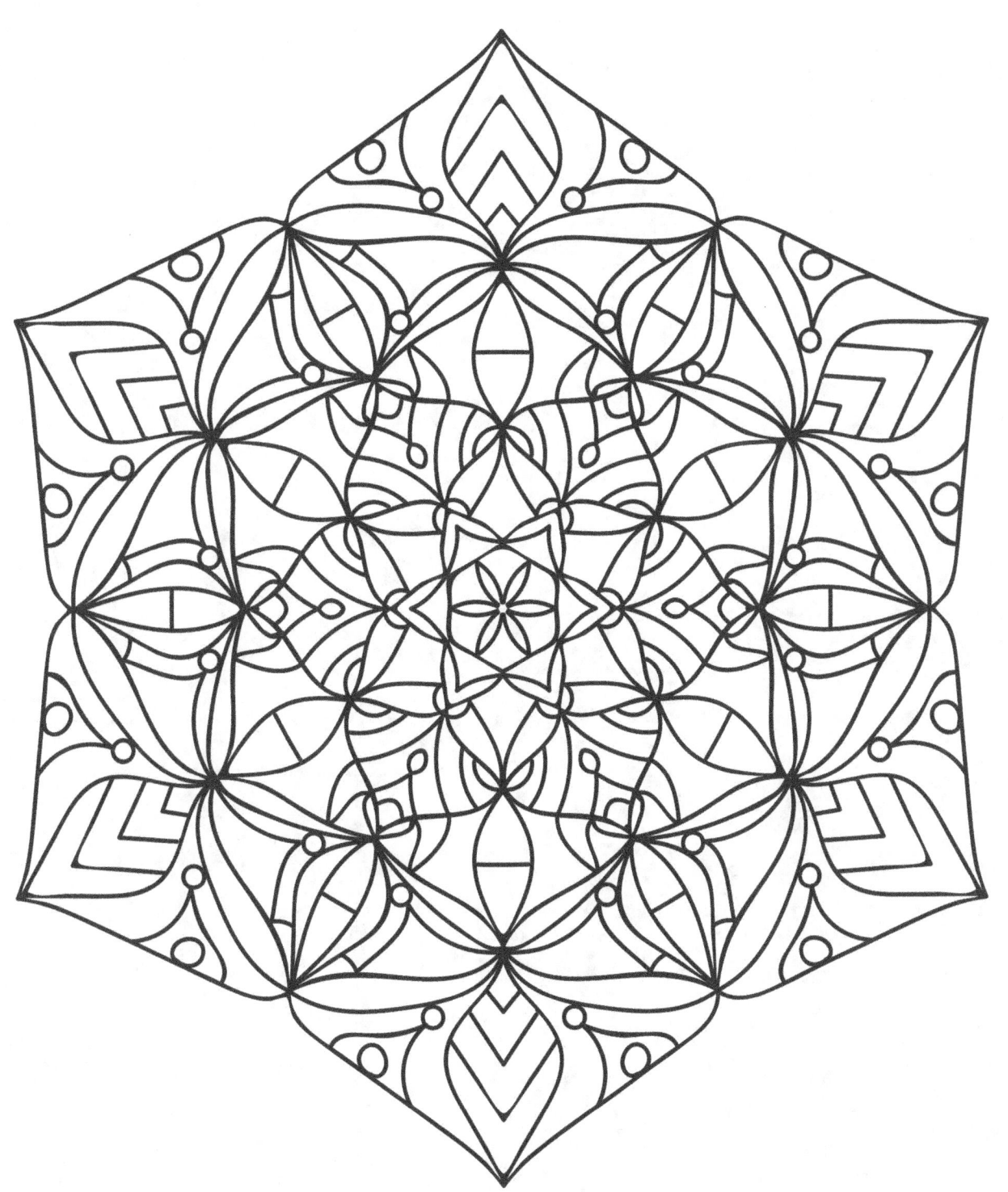

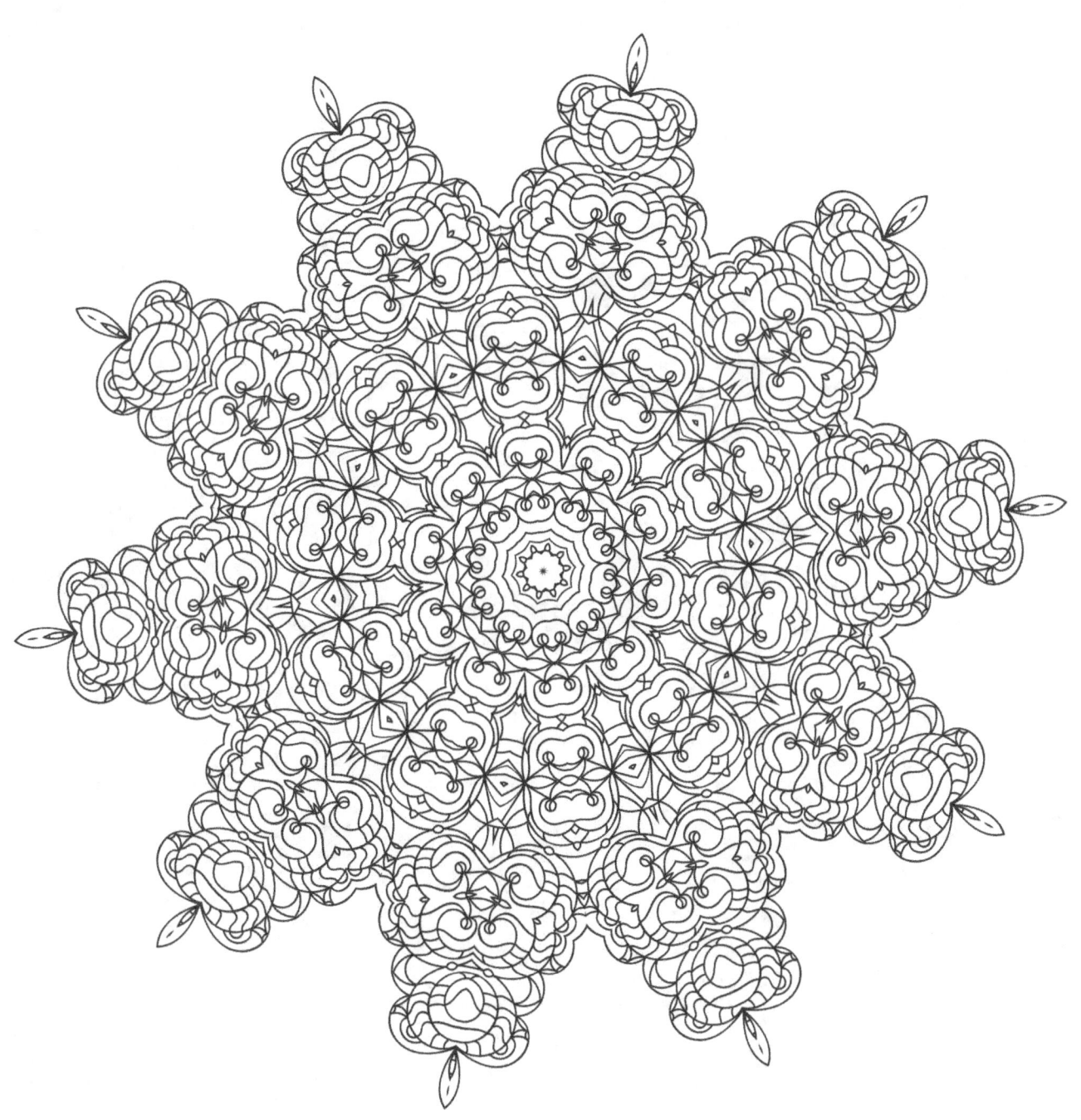

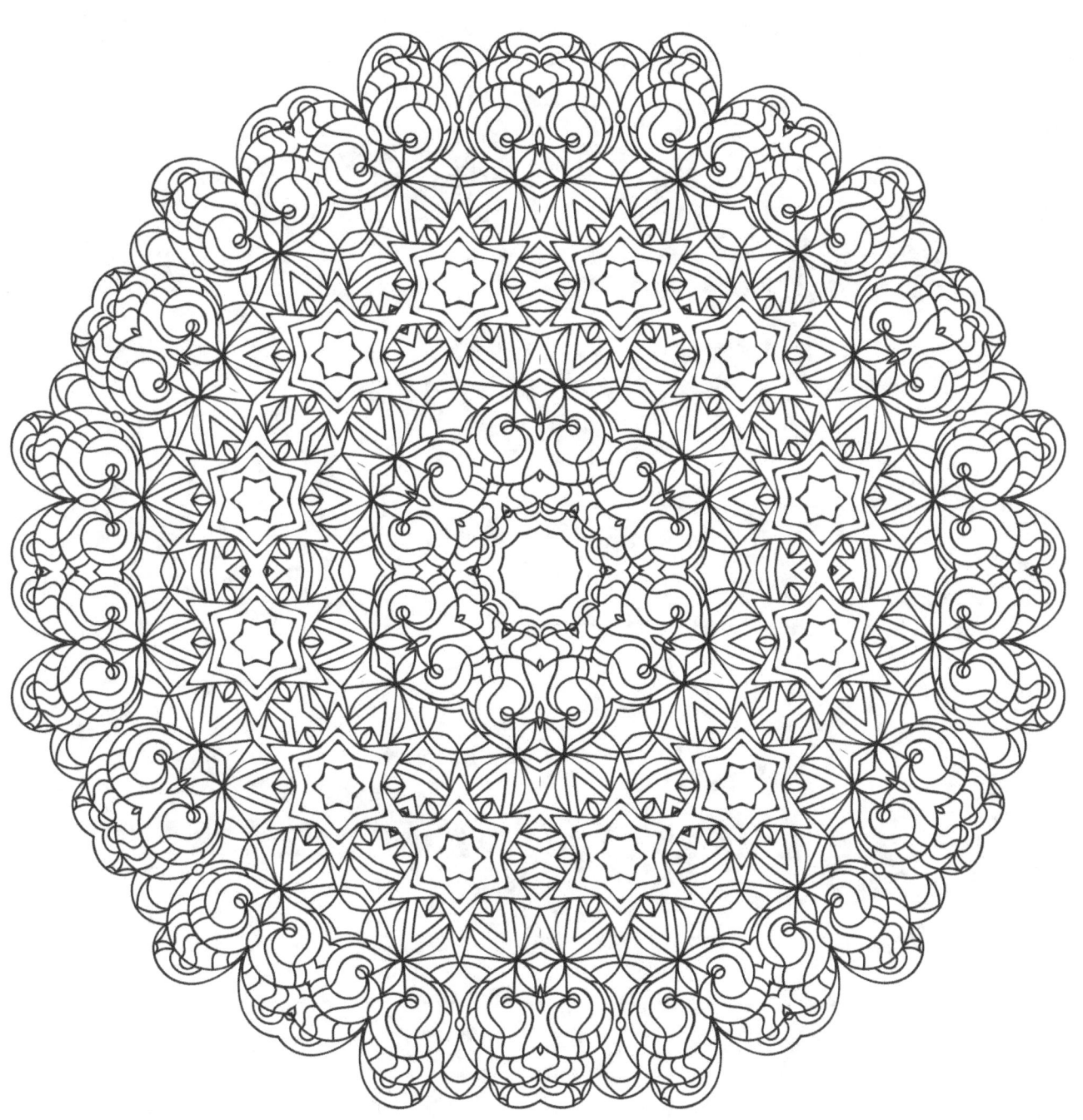

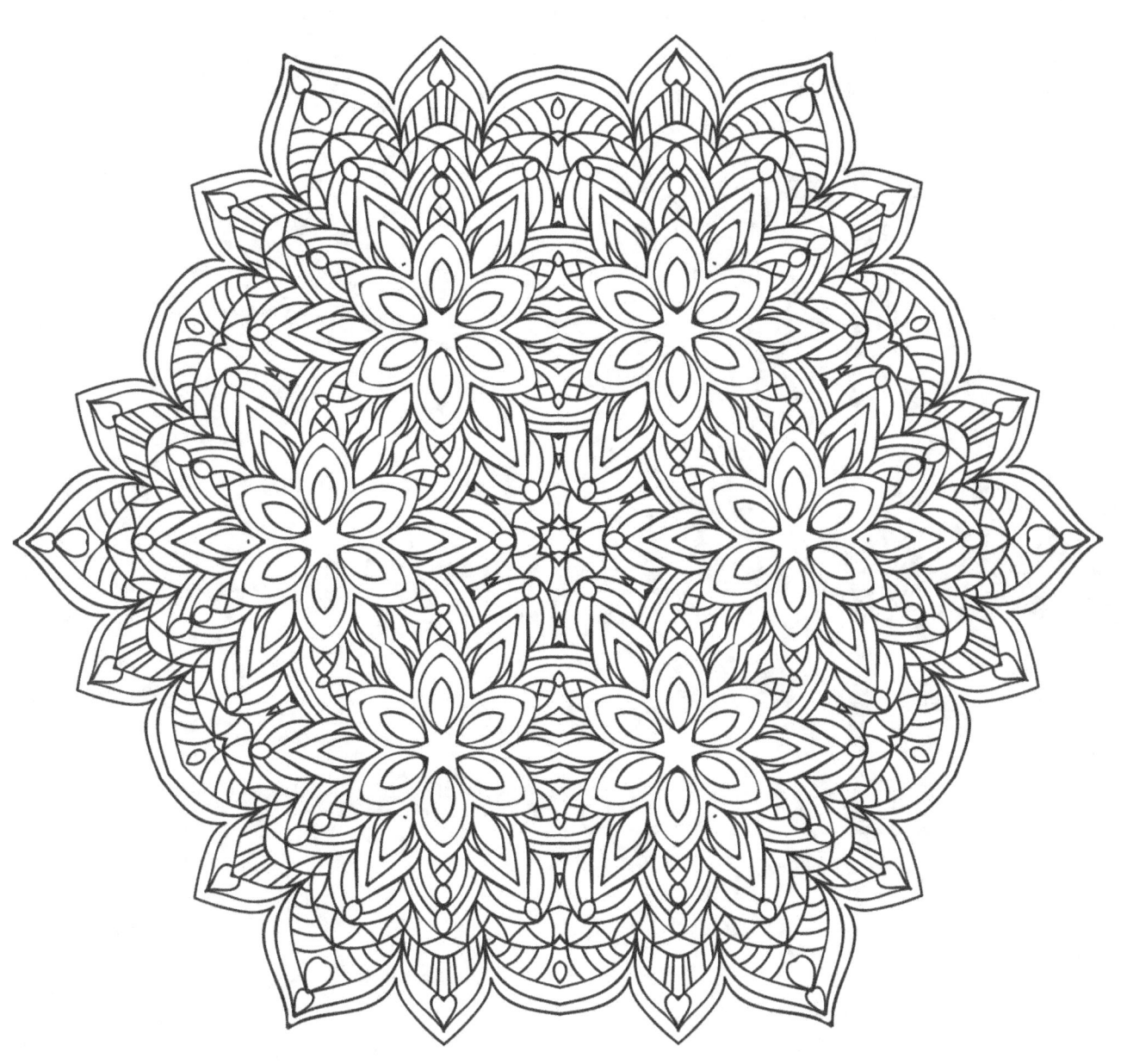

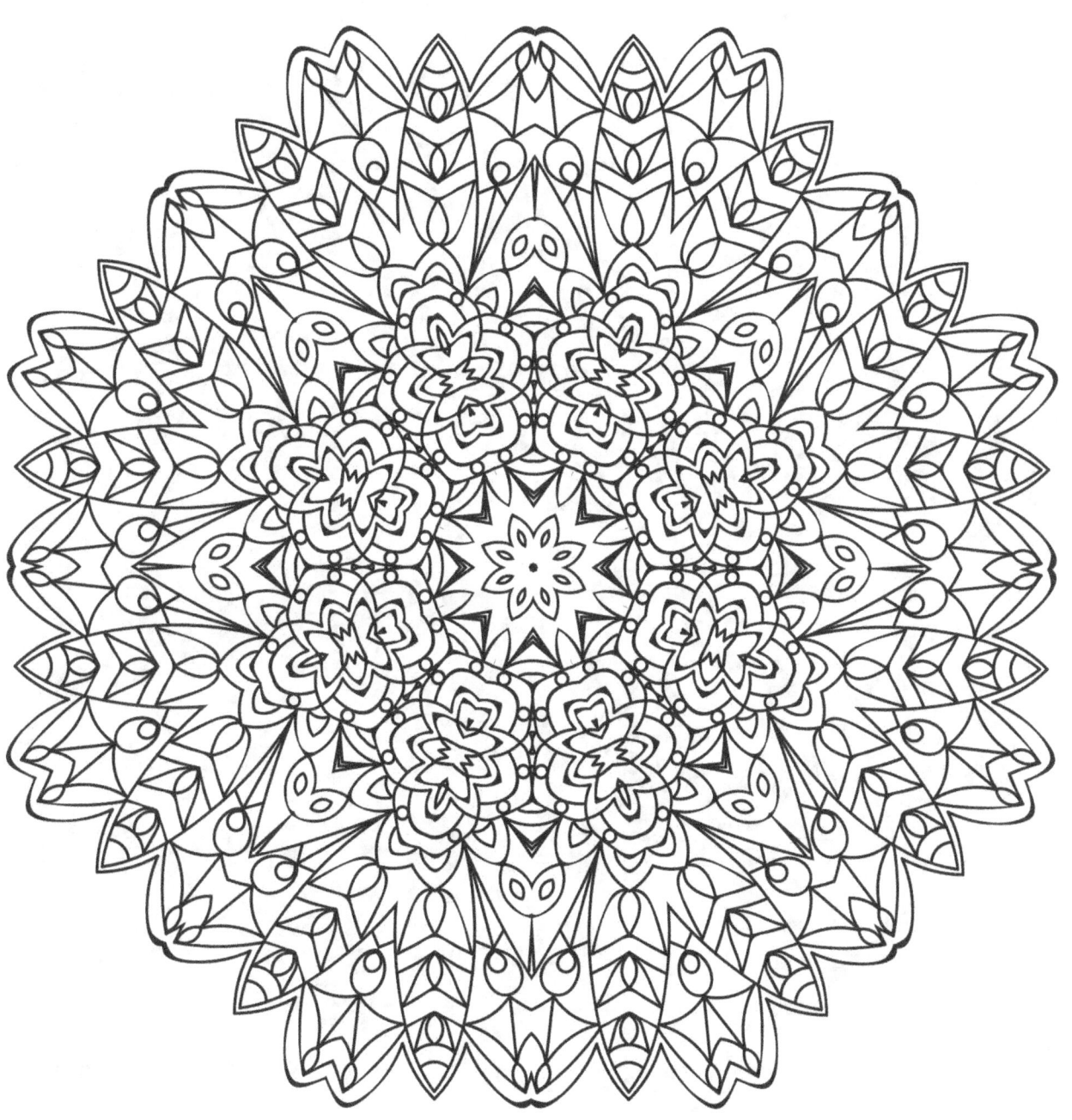

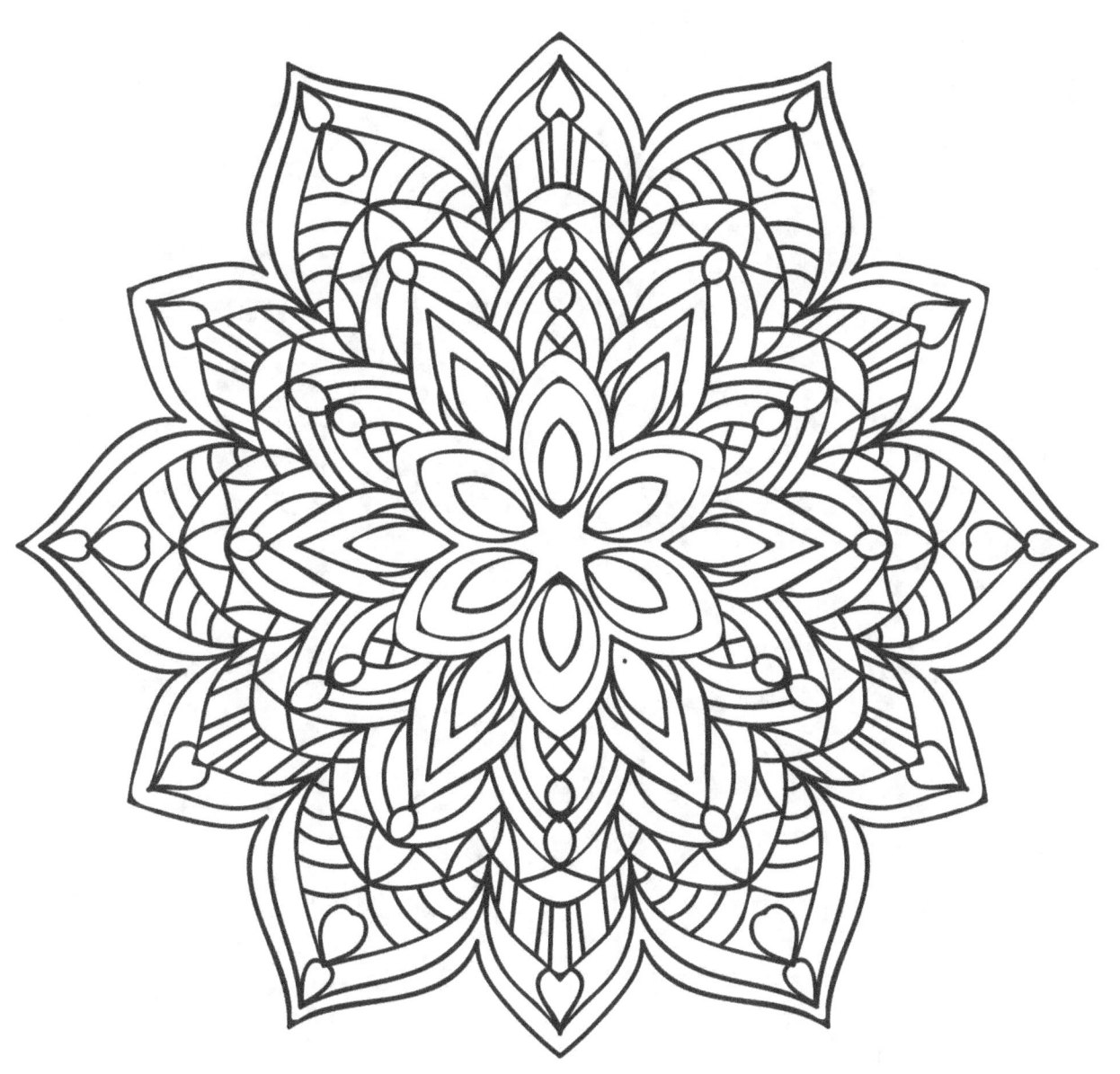

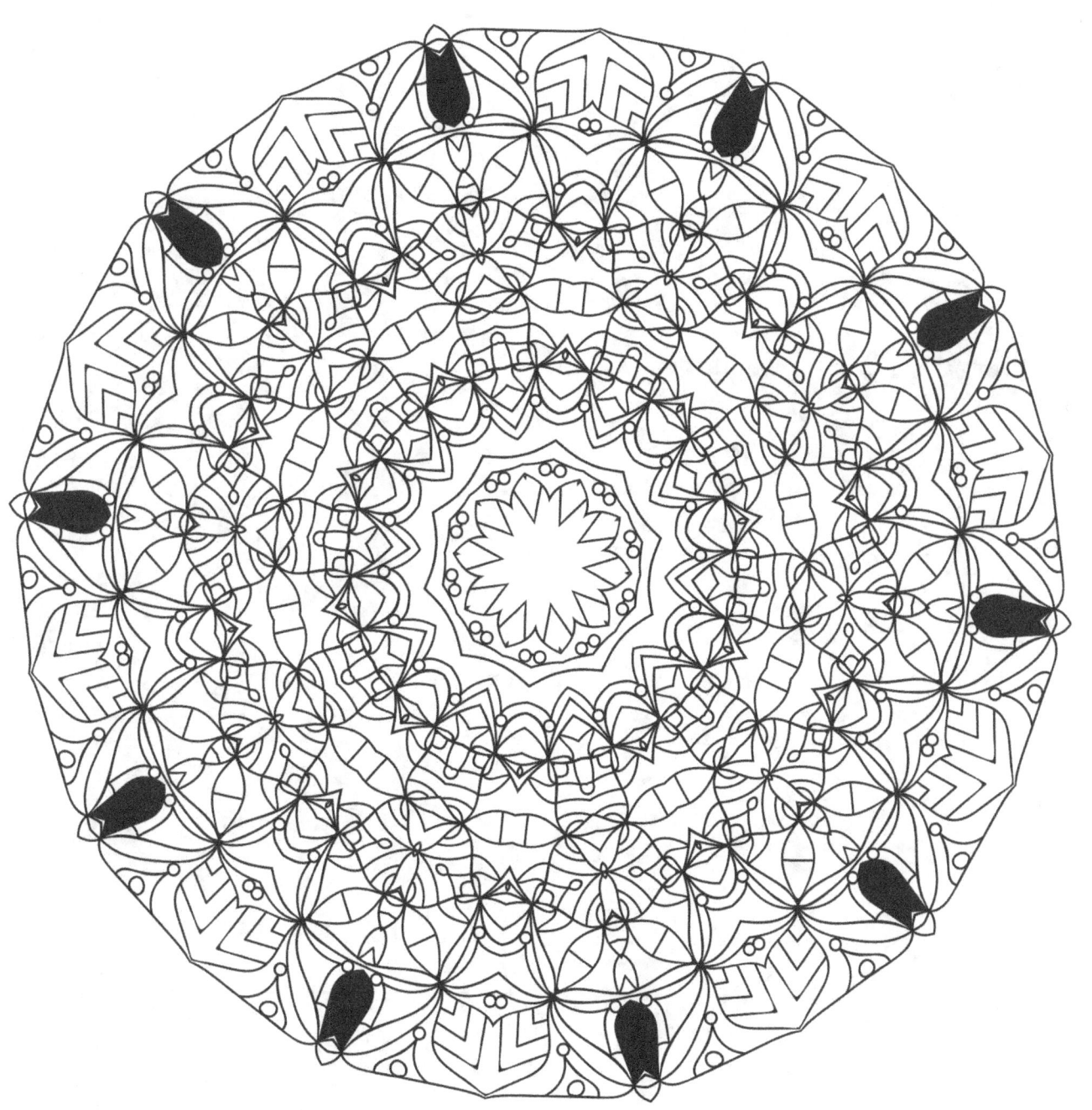

COLOR TEST PAGE

COLOR TEST PAGE

www.ingramcontent.com/pod-product-compliance
Lightning Source LLC
Chambersburg PA
CBHW081616220526
45468CB00010B/2896